道路桥梁施工与安全管理研究

董慧玲　王　冰　吴洪芳　著

吉林科学技术出版社

图书在版编目（CIP）数据

道路桥梁施工与安全管理研究 / 董慧玲，王冰，吴
洪芳著 . -- 长春：吉林科学技术出版社，2022.11
ISBN 978-7-5578-9897-7

Ⅰ . ①道⋯ Ⅱ . ①董⋯ ②王⋯ ③吴⋯ Ⅲ . ①道路施
工－安全管理－研究②桥梁施工－安全管理－研究 Ⅳ .
① U415.12 ② U445.1

中国版本图书馆 CIP 数据核字（2022）第 205385 号

道路桥梁施工与安全管理研究

著　董慧玲　王　冰　吴洪芳

出 版 人　宛　霞

责任编辑　潘竞翔

封面设计　树人教育

制　　版　树人教育

幅面尺寸　185mm×260mm

开　　本　16

字　　数　230 千字

印　　张　10.5

印　　数　1-1500 册

版　　次　2022 年 11 月第 1 版

印　　次　2023 年 3 月第 1 次印刷

出　　版　吉林科学技术出版社

发　　行　吉林科学技术出版社

地　　址　长春市南关区福祉大路 5788 号出版大厦 A 座

邮　　编　130118

发行部电话 / 传真　0431—81629529　　　81629530　　　81629531
　　　　　　　　　　　　　　81629532　　　81629533　　　81629534

储运部电话　0431—86059116

编辑部电话　0431—81629520

印　　刷　三河市嵩川印刷有限公司

书　　号　ISBN　978-7-5578-9897-7

定　　价　65.00 元

前　言

道路桥梁工程项目施工建设活动的积极有效开展，对满足民众日常生产生活质量水平需要、对保障提升工程行业施工建设质量水平是必不可少的手段，注重并积极强化道路桥梁施工及安全管理活动，具有极其重要的现实价值。

随着交通事业的蓬勃发展，道路桥梁越来越复杂化，加强道路桥梁安全施工技术及管理工作，不仅是整个道路桥梁管理的有机组成，更重要的是可以尽量减少和避免酿成巨大损失的桥梁坍塌事故发生，保障人民群众的生命及财产安全。

道路桥梁施工建设是现代化城市建设内容的重要组成，对现代社会的可持续性发展有极其重要的促进作用。结合现实情形可知，在我国工程行业高速发展的时期，安全管理活动的开展实施在整个道路桥梁工程施工建设期间具有极其重要的现实性价值效用，对工程项目施工作业活动的开展，对工程项目施工建设任务的实现等，都有十分重要的影响及作用。与此同时，做好并积极开展道路桥梁施工管理活动，对工程项目施工作业进度、质量及安全等内容进行相应的管理，能够在很大程度上保障提升道路桥梁工程整体施工作业经济效益。

本书从道路桥梁施工角度出发，针对路面施工过程中常见的问题进行了分析和探讨，并对不同类型的路基提出了不同的施工方法，通过相关案例分析与研究，就不同类型桥梁各部分结构加固与改造方面给出了科学可行的方案。道路施工过程中，公路项目安全评价是必不可少的一部分，通过对我国相关安全评价的内容和要求的学习，以期为我国道路桥梁施工提供更加安全的施工保障。

本书在编写过程中，参考和借鉴了了很多专家和学着的相关研究成果，在此对他们表示衷心的感谢。由于时间仓促，本书在编写过程中难免有不足之处，欢迎广大读者朋友们批评指正，以便进一步的改进和提高。

目录

第一章　绪论 ·· 1

　　第一节　道路工程施工技术概述 ······················ 1

　　第二节　桥梁工程施工技术概述 ······················ 3

第二章　路面施工 ·· 7

　　第一节　沥青路面施工 ·································· 7

　　第二节　混凝土路面施工 ······························ 36

第三章　路基施工技术 ·· 43

　　第一节　填方路基施工技术 ···························· 43

　　第二节　挖方路基施工技术 ···························· 49

　　第三节　路基压实施工技 ······························ 51

　　第四节　特殊路基施工技术 ···························· 54

第四章　桥梁结构加固与技术改造 ···················· 76

　　第一节　桥梁结构加固与技术改造一般规定 ·········· 76

　　第二节　梁桥上部结构加固 ···························· 84

　　第三节　拱桥上部结构加固 ···························· 107

　　第四节　桥梁下部结构加固 ···························· 118

　　第五节　桥梁加固实例 ·································· 126

第五章　桥梁工程施工安全标准化 ···················· 134

　　第一节　桩基施工 ······································ 134

　　第二节　基坑施工 ······································ 135

　　第三节　墩柱、盖梁施工 ······························ 136

　　第四节　满堂支架现浇梁 ······························ 137

第五节　移动模架法施工 ………………………………………… 138

第六节　挂篮悬臂施工 …………………………………………… 138

第七节　预制梁架设 ……………………………………………… 139

第八节　跨线桥通道安全防护 …………………………………… 140

第九节　桥梁施工安全标准化建设的实施方法 ………………… 140

第十节　桥梁安全技术管理措施 ………………………………… 147

结论 …………………………………………………………………… 157

参考文献 ……………………………………………………………… 158

第一章 绪论

道路桥梁工程项目施工建设活动的积极有效开展，对满足民众日常生产生活质量水平需要、对保障提升工程行业施工建设质量水平，注重并积极强化道路桥梁施工及安全管理活动，具有极其重要的现实价值。本章主要结合现实情况，对道路工程施工技术、桥梁工程施工技术的相关知识进行了概述。

第一节 道路工程施工技术概述

一、道路的分类及其工程组成

道路工程是供各类无轨车辆和行人等通行的基础设施。道路是一种带状构筑物，它的中心线是一条空间曲线，它具有高差大、曲线多且占地狭长的特点。道路工程施工图的表现方法与其他工程图有所不同。道路工程施工图由平面图、纵断面图、横断面图及构造详图组成。

1. 道路的分类

道路作为一个总称，它可分为城市道路、公路、农村道路、专用道路。

（1）城市道路

城市道路是在城市范围内，联系各组成部分，并供车辆及行人通行的、具备一定技术条件和设施的道路。按在道路系统中的地位、交通功能与对沿线建筑物的服务功能等来划分，城市道路可分为快速路、主干路、次干路与支路。

1）快速路是为较高车速的长距离交通而设置的重要道路。快速路对向车道之间应设中间带以分隔对向交通，当有自行车通行时，应加设两侧带。快速路与高速公路、快速路、主干路相交时，必须采用立体交叉；与交通量较小的次干路相交时，可采用平面交叉；与支路不能直接相交。在过路行人集中地点应设置过街人行天桥或地下通道。

2）主干路是城市道路网的骨架，为连接城市各主要分区的交通干路，以交通功能为主。自行车较多时，宜采用机动车与非机动车分流形式，如三幅路或四幅路。

3）次干路是城市的交通干路，兼有服务功能。次干路配合主干路组成道路网，起广泛连接城市各部分与集散交通的作用。

4）支路是次干路与街巷路的连接线，解决局部地区交通，以服务功能为主。街巷内部道路，作为街巷建筑的公共设施组成部分，不列入等级道路以内。

（2）公路

公路是指在城市以外，连接相邻市县、乡村港口、厂矿和林区等，主要供汽车行驶，且具备一定技术条件和交通设施的道路。根据其功能、使用任务和远景交通量等综合因素可分为 5 个等级：高速公路、一级公路、二级公路、三级公路和四级公路。

1）高速公路为专供汽车分向、分车道行驶，并应全部控制出入的多车道公路，一般能适应将各种汽车折合成小客车的远景设计年限、年平均昼夜交通量 25000 辆以上（四车道：25000~55000 辆；六车道：45000~80000 辆；八车道：60000~100000 辆）。

2）一级公路为供汽车分向、分车道行驶，并可根据需要部分控制出入及部分立体交叉的多车道公路，一般能适应将各种汽车折合成小客车的远景设计年限、年平均昼夜交通量 15000~55000 辆（四车道：15000~30000 辆；六车道：25000~55000 辆）。

3）二级公路为供汽车行驶的双车道公路，一般能适应将各种汽车折合成小客车的远景设计年限、年平均昼夜交通量 7500~15000 辆。

4）三级公路为主要供汽车行驶的双车道公路，一般能适应将各种汽车折合成小客车的远景设计年限、年平均昼夜交通量 2000~6000 辆，为沟通县及县以上城市的一般干线公路。

5）四级公路为主要供汽车行驶的双车道或单车道公路，一般能适应将各种汽车折合成小客车的远景设计年限、年平均昼夜交通量 2000 辆（单车道 400 辆）以下，为沟通县、镇、乡的支线公路。

公路按其重要性和使用性质又可分为国家干线公路（国道）、省级干线公路（省道）、县级公路（县道）和乡级公路（乡道）。

（3）农村道路

农村道路一般是指在农村中联系乡、村、居民点的主要道路，其交通性质、特点、技术标准要求等均与公路不同。

（4）专用道路

专用道路包括厂矿道路和林区道路。厂矿道路是指修建在工厂、矿区内部以及厂矿到公路、城市道路、车站、港口衔接处的对外连接段，主要为工厂、矿山运输车辆通行的道路。林区道路是指修建在林区，主要供各种林业运输工具通行的道路。

2. 道路工程的组成

道路工程的基本组成部分包括：路基、路面、桥梁、涵洞、隧道、防护与加固工程、排水设施、山区特殊构造物，城市道路还包括各种管线等，以及为保证汽车行驶的安全、畅通和舒适的各种附属工程，如公路交通安全设施、路用房屋、综合服务区（加油站、维修站、餐饮、宾馆等）及绿化栽植等。此外，还包括为防止路基填土或山坡土体坍塌而修筑的承受土体侧压力的挡土墙，以及为保持路基稳定和强度而修建的地表和地下路基排水设施，包括边沟、截水沟、排水沟、急流槽、渗沟、渗水井等。

二、道路工程施工的一般特点

新建、改造或扩建的道路工程，其施工都不同程度地呈现以下特点：

1. 道路工程是固定在土地上的构筑物，而施工生产是流动的，所以道路工程施工组织是复杂的，这是区别于工业生产的最根本的特点。由于道路工程的流动性，就需要把众多的劳力、施工机具、材料，在时间和空间上加以合理地组织，从而使它们在线性的施工现场按照科学的施工顺序流动，不致互相妨碍而影响施工，这是施工组织的重要内容。

2. 道路工程施工规模大、周期长，施工组织工作十分艰巨。由于道路工程往往工程量较大，需要消耗大量的人力和物力，施工组织工作不仅要做好统筹部署，还要考虑各种不同工种之间的开竣工的衔接，只有这样，才能保证公路工程施工生产连续且有序地进行。

3. 道路工程施工是在室外进行的，受气候和自然条件的影响与制约，决定了公路施工组织工作的特殊性和不能全年连续均衡地进行施工生产。因此，在施工组织中，要对雨季、冬季和高温季节采取特殊的技术措施和施工方法，在高空和地下作业则要采取必要的防护措施，并尽可能连续而均衡地进行施工，注意避免气候、自然条件对施工生产所产生的不利影响，以确保工程质量和施工安全以及工期要求。

综上所述，道路工程施工的特点集中表现在施工条件复杂多变，给施工生产活动带来很大的困难，故要求针对道路工程的不同对象、不同的施工条件，从实际出发，充分做好准备工作，包括施工管理和组织计划工作。施工中实行流水作业，严格施工管理，健全岗位责任制，加强质量保证体系工作，每道工序都要严格把关，前一道工序未经验收不得进行下道工序，稳妥而科学地做好施工组织工作。

第二节 桥梁工程施工技术概述

桥梁工程的建设一般需经过规划、勘察、设计和施工等阶段。施工阶段的主要任务是具体实现桥梁设计思想和设计意图，将图纸上的内容变为实际的能够满足功能要求的工程结构物。

桥梁工程的施工主要包括桥梁的施工技术和施工组织。施工技术水平对桥梁的建设起着十分重要的作用，尤其是对于结构复杂、施工环境恶劣的桥梁，建设者的建设意图在实际的工程结构物中体现，很大程度上依赖于所采用的施工技术。桥梁工程施工技术的发展，为实现桥梁设计的意图，提供了丰富多样的手段，也为增大桥梁跨度、改进结构形式以及采用新材料，提供了必要的条件。因此，先进的施工技术，能够影响和促进桥梁设计水平的提高和发展。此外，采用先进合理的施工技术，对于降低工程造价、保证工程质量、加快施工进度和实现安全生产都是十分重要的。桥梁施工包括桥梁下部结构施工和桥梁上部结构施工，下部结构主要包括桥墩桥台和基础，桥墩分为实体墩、柱式墩和排架墩等，桥台可分为重力式桥台、轻型桥台、框架式桥台、组合式桥台、承拉桥台等，桥梁基础按构造和施工方法不同可分为明挖基础、桩基础、沉井基础、沉箱基础和管柱基础等。

一、桥梁工程施工的一般特点

1. 流动性与地域性

桥梁工程施工生产不同于一般的工业生产，由于建造地点的不同，其施工是在不同的地区，或同一地区的不同场地进行的，因此其生产在地区与地区之间、场地之间流动。桥梁工程施工受地区条件的影响，其结构、造型、材料和施工方案等方面均有所不同，具有一定的地域性。

2. 固定性与单一性

具体到某一座桥梁工程施工，经过统一规划后，根据其使用功能，在选定的地点上单独设计、单独施工，不可更改，建设地点具有固定性。即使是提倡使用标准设计和通用构件，但受桥梁工程所在地区的自然经济和技术条件的约束，其结构、建筑材料、施工方法和施工组织等也可因地制宜加以修改，以适应不同地区和不同桥型的需要，从而使桥梁工程的施工具有单一性。

3. 周期性与重复性

桥梁工程施工受混凝土龄期、同部位分节施工等影响，需按部就班地开展，如梁板预制、钢筋绑扎、模板安装固定、混凝土浇筑、顶推循环施工等，从而使桥梁工程施工具有周期性和重复性。

4. 露天性与高空性

桥梁工程地点的固定性和体形庞大的特征决定了其施工具有露天作业和高空作业多的特点。

随着社会经济发展和现代化交通运输的需要，各种大型桥梁的施工任务越来越多，使得桥梁工程高空作业的特点日益明显。

5. 施工周期长与占用流动资金多

桥梁体形庞大，其建造必然要消耗大量的人力、物力和财力，同时施工过程还要受到工艺流程和生产程序的制约，使各专业和各工种间必须按照合理的施工顺序进行配合与衔接。而建造地点的固定性，使得施工活动的空间具有一定的局限性，从而导致桥梁施工具有生产周期长、流动资金大的特点。

6. 施工生产组织协作的复杂性

桥梁工程施工涉及工程力学、地基基础、工程地质、水文水力学、土力学、工程材料、工程机械设备、施工组织管理等学科的专业知识，施工涉及面较广，需要在不同时期、不同地点上组织多专业、多工种的综合作业。此外，它还涉及不同种类的专业施工队伍，以及规划与征用土地、勘察设计、"五通一平"、科研试验、质量监督、交通运输、电水热供应、劳务等社会各领域的外部协作配合，使得桥梁工程施工生产的组织协作关系错综复杂。

二、桥梁工程施工准备工作

施工单位承接桥涵施工任务后必须组织有关人员对设计文件、图纸及其他有关资料进行了解和研究，并进行现场勘察与核对，必要时进行补充调查。其内容包括：气候条件，气象资料，河流水文，地形地貌，河床地质，当地材料，可利用的现有建筑物，劳动力情况，工业加工能力，交通运输条件，施工场地的水、电源以及生活物资供应农田耕作的要求等。

1. 施工单位在编制施工组织设计前，应组织有关人员对设计文件、图纸、资料进行研究和现场核对，必要时进行补充调查。研究设计文件、图纸、资料时，应首先查明是否齐全、清楚，图纸本身及相互之间有无矛盾和错误。如发现图纸和资料欠缺、错误、矛盾等情况，应向建设单位提出，予以补全、更正。较复杂的中桥、大桥和特大桥，可要求建设单位进行设计交底，施工单位可提出修改意见供建设单位考虑。

2. 在勘查现场及审阅图纸后，应请建设单位主持，请建设主管部门、监理单位、设计单位的设计人员进行设计交底。交底后施工单位将发现的问题提出，请设计单位解答，会议纪要由建设单位于会后以正式文件分发给设计、施工及其他单位。

在施工单位内部应贯彻层层交底制度，施工技术部分应由技术负责人进行书面交底。交底内容应包括结构特点、施工季节特点、施工步骤、操作方法、质量要求、安全要求和各项有关的规程、技术措施，并结合设计意图，向各级人员及操作人员交代清楚。

3. 根据工程规模，编制施工组织设计或施工方案，施工组织设计具体应该包括下列内容：

（1）工程特点：应叙述工程结构情况与特点及工程地点的水文、地质、气候，地形等特殊情况，以及与工程有关的其他情况。

（2）主要施工方法：根据工程特点，简要叙述本工程主要部位的施工方法和保证工程质量、施工安全、节约以及推广新工艺、新技术、新结构、新材料等施工方法。

（3）施工现场总平面布置图及施工图纸：包括水、电、路和各加工厂与存料场的布置、面积，以及与场外的交通联系。

（4）施工进度计划：主要项目施工网络计划、施工物资供应计划及半成品供应计划、施工机具与劳动力计划。

（5）施工预算，科研项目及内容。

（6）对施工中间的障碍应作详细调查，并提出处理方法与时间，对旧建筑物的处理方法，如需爆破时，则应提前做准备，并报请有关单位批准，按计划施行。

（7）在河道中施工时，应划定足够的施工水域和拟定过往船只通行的措施，报请航道部门批准。对河床情况，除去探测外，还应向附近人员了解河道内有无特殊障碍，以便制订施工计划。在陆地施工时应充分考虑交通组织问题，应与铁道、公路及交通管理部门联系，并办理有关手续。

第二章 路面施工

随着我国经济的高速发展，公路、铁路交通运输也进入繁荣时期，在公路施工过程中，沥青混凝土路面是一种比较常见的方式，相比水泥混凝土路面，沥青混凝土路面具有更多优越性，可以克服许多传统路面的缺陷，保证公路的使用年限和工程质量，这在公路建筑史上也是一个很大的进步。本章介绍了沥青路面施工和混凝土路面施工的工作内容、施工技术，指出在路面施工过程中一些需要注意的问题，希望给读者一些参考性的建议。

第一节 沥青路面施工

一、施工前的准备工作

施工前的准备工作主要有确定料源及进场材料的质量检验、检查施工机械、铺筑试验路段等。

1.确定料源及进场材料的质量检验

在沥青混凝土路面建设过程中，材料起着至关重要的作用。有些新建的高速公路沥青混凝土路面之所以会出现早期损坏，材料问题是重要原因。因此，在沥青混凝土路面施工过程中，应严把材料关，以试验为依据，严格控制材料质量。沥青混凝土路面使用的各种材料运至现场后，必须取样进行质量检验，经评定合格后方可使用。不得以供应商提供的检测报告或商检报告代替现场检测，以防止因使用不符合要求的材料而造成损失的情况发生。

（1）沥青材料

沥青材料的选用应在全面了解各种沥青料源、质量及价格的基础上，从质量和经济两个方面综合考虑。对每批进场的沥青，均应检验生产厂家所附的试验报告，检查装运数量、装运日期、订货数量、试验结果等。对每批沥青进行抽样检测，试验中如有一项达不到规定要求，应加倍抽样试验。如仍不合格，则应退货并提出索赔。沥青材料的试验项目有针入度、软化点、薄膜加热、蜡含量、比重等。有时根据合同要求，可增加其他非常规测试项目。

沥青材料的存放应符合下列要求：沥青运至沥青厂或沥青加热站后，应按规定分批检验其主要性质指标是否符合要求，不同种类和标号的沥青材料应分别储存，并加以标记；临时性的储油池必须搭盖棚顶，并应疏通周围的排水渠道，防止雨水或地表水进入池内。

（2）集料

集料质量差是目前公路建设中特别严重的问题，突出表现的是材料脏、粉尘多、针片状颗粒含量高、级配不良等，经常达不到规范要求。我国公路部门的集料多半取自社会料场，国有企业、乡镇企业、个体企业都有，各料场的质量、规格参差不齐，使用时离析严重，导致实际级配与配合比与设计有很大的差距，这是造成沥青混凝土路面早期损坏的重要原因。

集料的准备应符合下列要求：不同规格的集料应分别堆放，不得混杂，有条件时应加盖防雨顶棚；各种规格的集料运达工地后，应对其强度、形状、尺寸、级配、清洁度、潮湿度进行检查。如尺寸不符合规定要求，应重新过筛；若有污染，应用水冲洗干净，干燥后方可使用。集料质量的控制主要从粗集料、细集料、填料（矿粉）和纤维稳定剂几个方面进行。

粗集料的选择应遵循就地取材的原则，注重集料的加工特性，重点检查石料的技术标准能否满足要求，如石料等级、保水抗压强度、磨耗率、磨光值、压碎值等，以确定石料料场。实际中，有些石料虽然达到了技术标准中的要求，但不具备开采条件，在确定料场时也应慎重考虑。在各个料场采集样品，制备试件并进行试验，考虑经济性等问题后确定料场。在选择集料时，勿过分迷信玄武岩。有人认为表面层非玄武岩不能使用，当地没有就去外地买，对当地的石料如辉绿岩、安山岩、闪长岩、石灰岩等质量很好的石料视而不见，特别是花岗岩、砂岩等酸性石料。实际上，只要采取掺加消石灰或抗剥落剂等技术措施，酸性石料也具有较好的应用效果，且玄武岩未必都好，有的吸水率很大，受热稳定性并不好。

细集料的质量是确定料场的重要指标，进场的机制砂、天然砂、石屑应满足规定的质量要求。细集料应洁净、干燥、无风化、无杂质，并有适当的颗粒级配，其中最重要的是洁净。为保证细集料的质量，并从保护环境的角度来看，机制砂是今后细集料的发展方向。

填料（矿粉）必须为石灰岩或岩浆岩中的强基性岩石等憎水性石料经磨细得到的矿粉，原石料中的泥土杂质应除净。矿粉应干燥、洁净，能自由地从矿粉仓流出。拌和机的粉尘可作为矿粉的一部分进行回收使用，但每盘用量不得超过填料总量的25%，掺有粉尘填料的塑性指数不得大于4，当采用粉煤灰作为填料使用时，用量不得超过填料总量的50%，粉煤灰的烧失量应小于12%，与矿粉混合后的塑性指数应小于4，其余质量要求与矿粉相同。高速公路、一级公路的沥青面层不宜采用粉煤灰作填料。

纤维稳定剂宜选用木质素纤维、矿物纤维等。其掺加比例以其占沥青混合料总量的质量百分率计算。通常情况下，用于 SMA 路面的木质素纤维不宜低于 0.3%，矿物纤维不宜低于 0.4%，必要时可适当增加纤维用量。纤维掺加量的允许误差宜不超过 ±5%。纤维应存放在室内或有棚盖的地方，松散纤维在运输及使用过程中应避免受潮、结团。使用纤维时必须符合环保要求，不危害身体健康。矿物纤维宜采用玄武岩等矿石制造，易影响环境及造成人体伤害的石棉纤维不宜直接使用。

2. 检查施工机械

沥青混凝土路面施工前，应对各种施工机械做全面检查。具体检查项目为：

（1）检查洒油车的油泵系统、洒油管道、量油表、保温设备等有无故障，并将一定数量的沥青装入油罐，在路上试洒，校核其洒油量。每次喷洒前应保持喷油嘴干净，管道畅通。喷油嘴的角度应一致，并与洒油管成 15°～25° 的夹角。

（2）检查矿料撒铺车的传动和液压调整系统，并应事先进行试撒，以确定撒铺每一种规格矿料时应控制的间隙和行驶速度。

（3）检查沥青混合料拌和与运输设备。拌和设备在开始运转前要进行一次全面检查，注意各个连接部件螺栓连接的紧固情况，传动链的张紧度，搅拌器内有无积存余料，振动筛筛网规格及网面有无破损，冷料运输机是否运转正常和有无跑偏现象；仔细检查沥青、燃油、导热油和压缩空气供给系统是否畅通，是否有漏沥青、漏油漏气现象；注意检查沥青拌和设备的电气系统；检查运输车辆是否符合要求，保温设施是否齐全。

（4）检查摊铺机的规格和主要机械性能，如振捣板、振动器、熨平板、螺旋摊铺器、离合器、刮板送料器、料斗闸门、厚度调节器、自动调平装置，并检查纵坡、横坡控制器的灵敏性，是否能正常工作。

作业前，应使用喷雾器向接料斗推滚、刮板送料器、螺旋摊铺器及熨平板等可能黏着沥青混合料的部位喷洒柴油，但严禁在熨平板预热时喷洒柴油。

（5）检查压路机的规格和主要机械性能（如转向、启动、振动、倒退、停驶等方面的能力）及滚筒表面的磨损情况；检查发动机冷却水量、机油量、液压油量是否符合压路机的使用要求；检查燃油量、喷水水箱的水量是否充足，保证能够顺利完成当天的生产任务。

3. 铺筑试验路段

（1）铺筑试验路段的目的

铺筑沥青混合料道路时一般就地取材。每个地区的材料性能和特点各不相同，在进行道路设计时，要根据现有的材料确定矿料的级配、沥青用量。道路施工时，各个施工单位使用的设备不同。随着施工技术的不断发展，新技术、新工艺、新材料、新设备不断应用。

铺筑试验路段的目的：

1）为了减少不确定因素造成的风险，防止道路铺筑后产生缺陷。

2）通过铺筑试验路段，对采用的新技术、新工艺、新材料、新设备进行综合验证和评定。待各项指标完全满足设计要求后，才能正式摊铺施工。

3）通过试验路段的作业，总结出全套的作业参数，供正式施工时参照执行。

（2）铺筑试验路段的要求

铺筑试验路段绝不是一种形式，必须达到所要求的目的。具体应满足以下要求：

1）高速公路和一级公路在正式施工前，都应铺筑试验路段；

2）其他等级的公路，在缺乏施工经验或使用新材料、新设备、新施工方法时，也应铺筑试验路段；

3）只有施工单位、材料、机械设备以及施工方法都相同时，才能用已有的经验施工，无须铺筑试验路段；

4）试验路段的长度一般为100~200m；

5）为了确保试验结果准确，应选择直线路段进行试验；

6）沥青混合料路面的每个结构层都要铺筑试验路段；

7）确定各层试验路段位置时，不能在同一地段。

（3）通过试验路段应得到的数据

热拌热铺沥青混合料路面试验路段的铺筑分试拌及试铺两个阶段，通过试验路段应得到以下数据：

1）验证设计阶段取得的沥青混合料配合比数据，如目标配合比、生产配合比等数据是否满足设计要求。

2）对施工准备阶段设定的沥青拌和站的各项参数进行验证，包括拌和时矿料的加热温度、沥青的加热温度、混合料的拌和时间及其他设备生产参数，测量混合料的出厂温度，还要测算拌和站的实际生产率。

3）测量运输车将混合料运达现场后混合料的温度、运输过程所用的时间、运输车数量是否满足施工要求。

4）验证各种施工机械的性能是否满足施工质量要求，施工机械的数量是否足够，施工机械匹配是否合理，全套施工机械是否能够满足均衡生产的要求；设备的技术状况是否可靠，性能是否达到最佳稳定运转状态。

5）测量摊铺机的摊铺温度、松铺系数、摊铺机的各项作业数据。

6）测量压路机初压时混合料的温度，复压时混合料的温度，复压遍数后终压时混合料的温度及碾压过程所用的时间。使用振动压路机时，比较各振动频率和振幅的碾压效果，确定最佳振动频率和振幅参数。

7）进行路面渗水系数试验，检查路面沥青混合料的防水性能。

8）建立用钻孔法与核子密度仪无破损检测路面密度的对比关系，确定压实度的标准检测方法。核子密度仪等无破损检测在碾压成型后的热态条件下测定，取 13 个测点的平均值为 1 组数据，一个试验路段不得少于 3 组；钻孔法在第 2d 或第 3d 以后测定，钻孔数不少于 12 个。

试验路段的铺筑应由有关各方共同参加，及时商定有关事项，明确试验结论。铺筑结束后，施工单位应就各项试验内容提出完整的试验路段施工、检测报告，取得业主或监理的批复。

热拌沥青混合料路面施工工艺包括混合料的拌和、运输、摊铺、压实及接缝处理等。铺筑沥青层前，应检查基层或下卧沥青层的质量，不符合要求的不得铺筑沥青面层。旧沥青路面或下卧层已被污染时，必须清洗或经铣刨处理后方可铺筑沥青混合料。以下对热拌沥青混合料路面的各施工工艺分别进行阐述。

二、沥青混合料摊铺技术

1. 准备工作

（1）下承层的准备

沥青混合料的下承层（即前一层）是指基层、联结层或面层下层。虽然下承层完成之后已进行过检查验收，但在两层施工的间隔很可能因某种原因，如雨天、施工车辆通行或其他施工干扰等，使其发生不同程度的损坏，如基层可能会出现弹软、松散或表面浮尘等，因此需对其进行维修。沥青类联结层下层表面可能被泥污污染，必须将其清洗干净。下承层表面出现的任何质量缺陷，都会影响到路面结构的层间结合强度，以致影响路面整体强度。特别是当桥头及通道两端基层出现沉陷时，应在两端全宽范围内进行挖填处理（在一定深度与长度范围内重新分层填筑与压实），并在两端适当长度内，线型略向上抬起 0~3cm，使线型"饱满"。对下承层的缺陷进行处理后，即可撒透层油或黏层油。

1）透层油。为使沥青面层与非沥青材料基层结合良好，沥青路面各类基层上都必须喷撒透层油。根据基层类型选择渗透性好的液体沥青、乳化沥青、煤沥青作透层油，喷撒后通过钻孔或挖掘确认透层油渗入基层的深度宜不小于 5（无机结合料稳定集料基层）~10mm（无结合料基层），并能与基层联结成一体。

2）黏层油。黏层油使上、下层沥青结构层或沥青结构层与结构物（或水泥混凝土路面）完全黏结成一个整体。黏层油宜采用快裂或中裂乳化沥青、改性乳化沥青，也可采用快、中凝液体石油沥青，其规格和质量应符合规范中的要求，所使用的基质沥青标号宜与主层沥青混合料相同。一般符合下列情况之一时，必须喷撒黏层油。

①双层式或三层式热拌热铺沥青混合料路面的沥青层之间。

②水泥混凝土路面、沥青稳定碎石基层或旧沥青路面层上加铺沥青层。

③路缘石、雨水口、检查井等构造物与新铺沥青混合料接触的侧面。

在撒布黏层油时应注意以下事项：

①黏层油宜采用沥青撒布车喷撒，并选择适宜的喷嘴，撒布速度和喷撒量要保持稳定；气温低于10℃时和路面潮湿时不得喷撒黏层油；寒冷季节施工不得不喷撒时，可以分成两次喷撒；用水洗刷后需待表面干燥后再喷洒。

②喷洒的黏层油必须呈均匀雾状，在路面全宽范围内均匀分布成一薄层，不得漏空或呈条状，也不得堆积。喷撒不足的要补撒，喷撒过量处应予以刮除。喷撒黏层油后，严禁除运料车外的其他车辆和行人通过。

③黏层油宜在当天撒布，待乳化沥青破乳、水分蒸发完成，或稀释沥青中的稀释剂基本挥发完成后，再铺筑沥青层，以确保黏层不受污染。

（2）施工放样

施工放样必须超前于摊铺施工，要尽可能减少放样误差。施工放样包括标高测定与平面控制两项内容。

标高测定的目的是确定下承层表面高程与原设计高程相差的确切数值，以便在挂线时纠正到设计值或保证施工层厚度。根据标高值设置挂线标准桩，借以控制摊铺厚度和标高。无自控装置的摊铺机不存在挂线问题，但应根据所测的标高值和本层应铺厚度综合考虑确定实铺厚度，用适当垫块或定位螺旋调整就位。为便于掌握铺筑宽度和方向，还应放出摊铺的平面轮廓线或设置导向线。

标高放样时应考虑下承层的标高差值（设计值与实际标高值之差）、厚度和本层应铺厚度。综合考虑后定出挂线桩顶的标高，再打桩挂线。当下承层的厚度不够时，应在本层内加入厚度差并兼顾设计标高。如果下承层的厚度足够而标高低，则应根据设计标高放样。如果下承层的厚度与标高都超过设计值，则应按本层厚度放样。若下承层的厚度和标高都不够，则应按差值大的为标准进行放样。总之，标高放样不但要保证沥青路面的总厚度，而且要考虑使标高不超出容许范围。当两者矛盾时，应以满足厚度为主考虑放样，放样时计入实测的松铺系数。

（3）摊铺机的准备

热拌沥青混合料应采用沥青摊铺机摊铺。在喷撒过黏层油的路面上铺筑改性沥青混合料或SMA时，宜使用履带式摊铺机。摊铺机的受料斗应涂刷薄层隔离剂或防黏结剂。铺筑高速公路、一级公路沥青混合料时，一台摊铺机的铺筑宽度不宜超过6（双车道）~7.5m（3车道以上），通常宜采用两台或两台以上摊铺机前后错开10~20m呈梯队方式同步摊铺。两幅之间应有30~60mm宽的搭接，并躲开车道轨迹带，上、下层的搭接位置宜错开200mm以上。

2.摊铺机施工作业

（1）摊铺机的作业速度

摊铺机的作业速度对摊铺机的作业效率和摊铺质量影响极大。正确选择作业速度是加快施工进度，提高摊铺质量的重要手段。如果摊铺机时快时慢、时开时停，将导致熨平板受力系统平衡变化频繁，会对铺层平整度和密实度产生很大影响：过快则铺层疏松，供料困难；停机会使铺层表面形成台阶状，且料温下降，不易压实。

摊铺机必须缓慢、均匀、连续不间断地摊铺，不得随意变换速度或中途停顿，以提高平整度，减少混合料的离析。摊铺速度可根据混合料的供给能力、摊铺宽度和厚度确定。一般情况下，摊铺速度宜控制为 2~6m/min。对于改性沥青混合料及 SMA 混合料，宜放慢至 1~3m/min。当发现混合料出现明显的离析、波浪、裂缝、拖痕时，应分析原因并予以消除。

（2）摊铺机的调平方式

现代沥青混合料摊铺机有完善的自动调平装置，包括纵坡调平和横坡调平两种调平装置。纵坡调平装置是在摊铺机侧的地面上设置一条水平的纵坡基准线作为参照物，摊铺机作业时比照该基准线摊铺，使该侧摊铺始终保持设定高度。横坡调平装置是在纵坡控制的基础上进行控制的。当熨平板的一侧用纵坡控制保持设定高度后，横坡调平装置可使熨平板保持横向水平，使铺筑的路面成为一个水平面。横坡调平装置也可使熨平板始终保持定的横向坡度，以满足道路横向路拱的坡度要求。使用时可根据需要采用纵坡和横坡配合控制，也可以选择使用两个纵坡控制。

纵坡基准是摊铺机能够摊铺出平整路面的基础，分为绝对高程基准和地面平均高程基准。在实际施工中，绝对高程基准适用于摊铺下面层和中面层，以保证路面各个部位的高程；地面平均高程基准适用于摊铺表面层，使摊铺表面圆润、平滑，以提高车辆行驶的舒适性。绝对高程基准包括钢丝绳基准、铝合金梁基准、路缘石基准等，一般应在摊铺施工前在地面上设置。地面平均高程基准包括拖梁基准、滑靴平衡梁基准、多足式基准梁基准、大型平衡梁基准、声呐平衡梁基准等。其中，声呐平衡梁是通过声呐测量地面的平整度，采用非接触测量，也称为非接触式平衡梁。一般情况下，摊铺机应采用自动调平方式。下面层或基层宜采用钢丝绳引导的高程控制方式，上面层宜采用平衡梁或雪橇式摊铺厚度控制方式，中面层根据情况选用找平方式。直接接触式平衡梁的轮子不得黏附沥青，铺筑改性沥青或 SMA 路面时宜采用非接触式平衡梁。

（3）摊铺温度

沥青路面施工必须有施工组织设计，并保证合理的施工工期。寒冷季节遇大风降温，不能保证迅速压实时不得铺筑沥青混合料。热拌沥青混合料的最低摊铺温度根据铺筑层厚度、气温、风速及下卧层表面温度按规范执行。

三、沥青混合料的压实技术

压实是沥青混凝土路面施工的最后一道工序，目的是提高沥青混合料的强度、稳定性以及疲劳特性。若采用优质的筑路材料，精良的拌和与摊铺设备及良好的施工技术，则可以摊铺出较理想的混合料层。但一旦碾压中出现任何质量缺陷，则必将前功尽弃。因此，必须重视压实工作。

1. 压实机械的选择：

压路机种类很多，目前最常用的压路机有静力光轮压路机、轮胎压路机和振动压路机。静力光轮压路机和轮胎压路机一般采用机械传动，振动压路机大多采用液压传动。

（1）静力光轮压路机

静力光轮压路机按其质量可分为特轻型（0.5~2t）、轻型（2~5t）、中型（5~10t）、重型（10~15t）和特重型（15~20t）5种，按轮数可分为拖式、双轮式和三轮式3种。目前使用较多的是中型和特重型双轮或三轮压路机，依靠其自重或附加配重对路面产生静压力，单位直线静压力为4000~12000kPa。双轮静力光轮压路机的后轮为驱动轮，其质量般为8~10t，适用于沥青路面的初压和终压。三轮静力光轮压路机也是两后轮为驱动轮，质量一般为12~18t，由于其单位直线静压力大，易使混合料推移，且启动、停机不灵活，目前已不多用。

（2）轮胎压路机

轮胎压路机通常有5~11个光面橡胶碾压充气轮胎，工作质量一般为5~25t。目前常用前5轮、后6轮的9~16t机型，轮胎压力为500~620kPa。使用轮胎压路机进行初压时产生的推移小，过去使用较多。但使用轮胎压路机进行初压时，由于混合料温度较高而易出现轮胎压痕，在低温季节或大风环境中混合料的温度下降较快，该痕迹难以被后续的碾压作业消除。轮胎压路机目前主要用作中间碾压，利用其揉压作用可以有效提高压实度，减少静力压路机碾压后表面产生的细裂纹和孔隙。应用轮胎压路机压实摊铺侧边时对路缘石的擦边碰撞破坏也较小。当铺层温度较高时（大于80℃）不宜用轮胎压路机进行终压，以免留有轮胎印痕。

（3）振动压路机

振动压路机的压实功主要来自自重和钢轮振动的共同作用。沥青路面施工常用的振动压路机质量为7~18t，激振力为150~300kN，主要机型为单碾压轮式振动压路机和双碾压轮式（串联）振动压路机。单碾压轮式振动压路机前面有1个振动轮，后面配置2个橡胶驱动轮。由于其轮胎的印花较深，且自重和激振力较大，通常只用作复压。双碾压轮式振动压路机依靠2个碾压轮共同驱动，具有可调的振频和振幅，目前使用最为广泛。

沥青路面施工应配备足够数量的压路机，选择合理的压路机组合方式及初压、复压、终压（包括成型）的碾压步骤，以达到最佳碾压效果。在高速公路上铺筑双车道沥青路面的压路机不宜少于5台。当施工气温低、风大、碾压层薄时，压路机的数量应适当增加。

2.碾压速度、温度和厚度

（1）碾压速度

压路机应以慢而均匀的速度碾压，压路机的碾压速度应符合表2-1中的规定。压路机的碾压路线及碾压方向不应突然改变而导致混合料推移。碾压区的长度应大致恒定，两端的折返位置应随摊铺机的前进而推进，横向不得在相同的断面上。

表2-1　压路机的碾压速度（单位：km/h）

压路机类型	初压		复压		终压	
压路机类型	适宜	最大	适宜	最大	适宜	最大
静力光轮压路机	2~3	4	3~5	6	3~6	6
轮胎压路机	2~3	4	3~5	6	4~6	8
振动压路机	2~3（静压或振动）	3（静压或振动）	3~4.5(振动)	5(振动)	3~6(静压)	6(静压)

（2）碾压温度

压路机的碾压温度应符合相关要求，并根据混合料种类、压路机、气温、层厚等经试压确定。在不产生严重推移和裂缝的前提下，初压、复压、终压都应在尽可能高的温度下进行。同时，不得在低温状况下反复碾压，以免石料棱角被磨损、压碎，破坏集料嵌挤。

（3）碾压厚度

沥青混凝土压实层的最大厚度不宜大于100mm，沥青稳定碎石混合料的压实层厚度不宜大于120mm，但当采用大功率压路机且经试验证明能达到压实度时允许增大到150mm。

3.碾压作业程序

碾压分为初压、复压和终压三道工序。

（1）初压

初压的目的是整平和稳定沥青混合料，同时为复压创造有利条件，因此要注意压实的平整性。初压应紧跟摊铺机后进行，并保持较小的初压区长度，以尽快将表面压实，减少热量散失。摊铺后初始压实度较大，经实践证明采用振动压路机或轮胎压路机直接碾压无严重推移而有良好效果时，可免去初压而直接进入复压工序。通常宜采用钢轮压路机静压1~2遍。碾压时应将压路机的驱动轮面向摊铺机，从外侧向中心碾压，在超高路段则由低处向高处碾压，在坡道上应将驱动轮从低处向高处碾压。初压后应检查平整度、路拱，有严重缺陷时应进行修整乃至返工。

（2）复压

复压的目的是使沥青混合料密实、稳定、成型，混合料的密实程度取决于复压，因此复压必须与初压紧密衔接，不得随意停顿。压路机碾压段的总长度应尽量小，通常不超过 60~80m。采用不同型号的压路机组合碾压时，宜安排每一台压路机做全幅碾压，以防止不同部位的压实度不均匀。密级配沥青混凝土的复压宜优先采用重型轮胎压路机进行搓揉碾压，以增强密水性，其总质量不宜小于 25t，每一轮胎的压力不小于 15kN。相邻碾压带应重叠 1/3~1/2 的碾压轮宽度，压完全幅为一遍。碾压至要求的压实度，且无显著轨迹为止。总的碾压遍数由试压确定，且不宜少于 4~6 遍。对于以粗集料为主的较大粒径的混合料，尤其是大粒径沥青稳定碎石基层，宜优先采用振动压路机复压。厚度小于 30mm 的薄沥青层不宜采用振动压路机碾压。振动压路机的振动频率宜为 35~50Hz，振幅宜为 0.3~0.8mm。层厚较大时选用低频率、大振幅，以产生较大的激振力；厚度较小时采用高频率、低振幅，以防止集料破碎。相邻碾压带重叠宽度为 100~200mm。振动压路机折返时应先停止振动。

当采用三轮钢筒式压路机时，总质量不宜小于 12t，相邻碾压带宜重叠后轮的 1/2 宽度，并不应小于 200mm。

（3）终压

终压的目的是消除轨迹，形成平整的压实面，因此这道工序不宜采用重型压路机在高温下完成，否则会影响平整度。终压应紧接在复压后进行，如经复压后已无明显轨迹，可免去终压。终压可选用双轮钢筒式压路机或关闭振动的振动压路机进行，碾压不宜少于 2 遍，至无明显轨迹为止。对未压实的边角应辅以小型机具压实。

四、接缝处理

沥青路面必须接缝紧密，连接平顺，不得产生明显的接缝离析。接缝处若处理不当极易产生病害，施工过程中必须十分注意。在接缝处，上、下层的纵缝至少应错开 15cm（热接缝）或 30~40cm（冷接缝），相邻两幅及上、下层的横向接缝均应错开 1m 以上。接缝处施工应用 3m 直尺检查，确保平整度符合要求。

1. 纵向接缝

（1）摊铺时采用梯队作业的纵缝应采用热接缝，将已摊铺部分留下 100~200mm 宽暂不碾压，作为后续摊铺部分的基准面，待后续摊铺部分碾压时采用跨缝碾压以消除缝迹。

（2）半幅施工或因特殊原因而产生纵向冷接缝时，宜加设挡板或用切刀切齐，也可在混合料尚未完全冷却前用镐刨除边缘留下毛茬，但不宜在冷却后采用切割机作纵向切缝。加铺另半幅前应涂撒少量沥青，重叠在已铺层上 50~100mm，再铲走铺在前半幅上的混合料，碾压时由边向中碾压，预留 100~150mm，再跨缝挤紧压实。或者先在已压实路面上行走碾压新铺层 150mm 左右，然后压实新铺部分。

2.横向接缝

横向接缝的形式有斜接缝、阶梯形接缝和平接缝。在具体选择过程中应满足以下要求：

（1）高速公路和级公路表面层的横向接缝应采用垂直的平接缝，以下各层可采用自然碾压的斜接缝，沥青层较厚时也可做阶梯形接缝。其他等级公路的各层均可采用斜接缝。

（2）斜接缝的搭接长度与层厚有关，宜为 0.4~0.8m。搭接处应撒少量沥青，混合料中的粗集料颗粒应予以剔除，并补上细料，以使搭接平整，充分压实。阶梯形接缝的台阶经铣刨而成，并撒黏层油，搭接长度不宜小于 3m。

（3）平接缝宜趁尚未冷透时用凿岩机或人工垂直刨除端部层厚不足的部分，使工作缝成直角连接。当采用切割机制作平接缝时，宜在铺设当天混合料冷却但尚未硬结时进行。刨除或切割不得损伤下层路面。切割时留下的泥水必须冲洗干净，待干燥后涂刷黏层油。铺筑新混合料前，应加热接茬使其软化。碾压开始时，先用钢筒压路机进行横向碾压，可将压路机位于已压实的混合料层上，跨缝伸入新铺层宽 150mm 碾压。每压一遍向新铺混合料方向移动 150~200mm，直至全部在新铺路面上为止。然后改为纵向碾压，此时应注意不要在横接缝上垂直碾压，以免引起新旧层错台。

热拌沥青混合料路面应待摊铺层完全自然冷却，混合料表面温度低于 50℃后，方可开放交通。需要提早开放交通时，可洒水以降低混合料温度。铺筑好的沥青层应严格控制交通，做好保护，保持整洁，不得造成污染，严禁在沥青层上堆放施工产生的土或杂物，严禁在已铺沥青层上制作水泥砂浆。

五、沥青路面病害维修

（一）沥青路面变形维修

沥青路面变形有车辙、沉陷、波浪与搓板等多种形式。我国沥青路面变形类病害中车辙问题尤为突出。车辙是路面上沿行车轨迹产生的纵向带状凹槽。它除了影响行车舒适性外，还对交通安全有直接影响。车辙在行车荷载重复作用下有扩展和积累的趋势。

1.车辙类型与维修

沥青路面车辙般包括结构性车辙、流动性车辙，磨损性车辙、压实不足引起的车辙。

根据车辙类型的不同，常用的车辙维修措施有：稀浆封层。微表处、石屑封层、罩面或改建等。高速公路一般采取局部铣刨、局部填补或整体改造措施。沥青路面车辙的具体维修方法的选择如下：

（1）因表面磨损过度出现的车辙，可先行铣刨，喷洒粘层沥青后，铺筑沥青混合料。

（2）属于路面横向推挤形成的横向波形车辙且已稳定者，可按上述方法修补；如因不稳定夹层引起，则应清除该夹层，重铺局部下沉造成的车辙，可按路面沉陷的处理方法进行修补。

（3）车道表而因车辆行驶推移而产生的车辙，应将出现车辙的面层切削或铣刨清除，然后重铺沥青面层。在高速公路及一级公路上可采用 SMA 混合料或改性沥青混合料修补车辙。

（4）路面受横向推挤形成的横向波形车辙，如果已经稳定，可将凸出的部分铣刨，在波谷部分喷洒或涂刷黏结沥青并填补沥青混合料并找平、压实。

（5）因而层与基层间有不稳定的夹层而形成的车辙，应将面层挖除，清除夹层后，重做面层。

（6）由于基层强度不足、水稳性不好，使基层局部下沉而造成的车辙，应先处治基层。

2.纵向变形及维修

（1）纵向变形

路面的纵向变形是由路基的纵向变形造成的。软土地基和非软土地基都可以产生纵向变形，纵向变形造成路面大波浪形的不平整，包括路面沉陷、桥头跳车、波浪、搓板、塑包等。沉陷是由于路基路面产生竖向变形而导致路面下沉的现象，通常有均匀沉陷，不均匀沉陷、局部较大面积沉陷等。桥头跳车是由桥台背填土压实不够而引起路基不均匀沉降，从而使路面产生沉陷，形成跳车。沉陷、桥头跳车都是因为施工质量没有严格控制所造成的，可采用新技术、新材料、新工艺来加强填方的压实度，使其达到要求。

波浪是指路面有规律地纵向起伏、波峰与波谷交替出现，间隔很近，一般在 60cm 之内。

造成波浪的主要原因是材料组成设计差、施工质量差，使面层材料不足以抵抗车轮水平力的作用。此外，产生波浪也可能是由于旧面层已有搓板，而加铺沥青面层时未予妥善处理（铲除搓板）所致。

（2）壅包维修

1）已趋于稳定的轻微壅包，应将壅包用机械刨削或人工挖除。如果除去壅包后，路表不够平整，应予以处治。

2）因基层沥青用量过多或细料集中而产生较严重壅包。或路面连续多次出现壅包且面积较大，但路面基层仍属稳定，则应用机械或人工将壅包全部除去，并低于路表面约 10mm。扫尽碎屑。杂物及粉尘后，用热沥青混合料重做面层。

3）因基层局部含水率过大，使面层与基层间结合不良而被推移变形造成的重包，应把壅包连同面层一起挖除，将水分晾晒干，或用水稳定性较好的材料更换已变形的基层，再重做面层。

4）由于基层局部强度不足或水稳定性不好，使基层松软而导致的重包，应将面层和基层完全挖除。如土基中含有淤泥，还应将淤泥彻底挖除，换填新料并夯实。在地下水位较高的湖湿路段，应采取措施引出地下水并在基层下面加铺一层水稳定性较好的材料，最后重做面层。

（3）沉降维修

1）因路基不均匀沉降而引起的局部路面沉陷，若土基和基层已经密实稳定，不再继续下沉，可只修补面层，并根据路面的破损状况分别采取下列处治措施：

①路面略有下沉，无破损或仅有少量轻微裂缝，可在沉陷处喷洒或涂刷黏层沥青，再用沥青混合料将沉陷部分填补，并压实平整。

②因路基沉陷导致路面破损严重，矿料已松动、脱落形成坑槽的，应按照坑槽的维修方法予以处治。

2）因土基或基层结构遭到破坏而引起路面沉陷，应处治好基层后再重做面层。

3）桥涵台背因填土不实出现不均匀沉降的，可视情况选择以下处理方法：

①挖除沥青面层，在沉陷的部分加铺基层后重做面层。

②对于台背填土密实度不够的，应重新做压实处理，台背死角处的压实宜采用机械夯实。

③对含水率和孔隙比较大的软基或含有有机物质的黏性土层，宜采取换土处理，换土深度应视软层厚度而定。换填材料首先应选择强度高、透水性好的材料、如碎石土、卵砾土、中粗砂及强度较高的工业废渣，且要求级配合理，

（4）波浪与搓板维修

1）属于面层原因形成的波浪或搓板可按下述方法进行维修：

①路面仅为轻微波浪或搓板，可在波背部分喷洒沥青，并匀撒适当粒径的矿料，找平后压实。

②波浪（搓板）波峰与波谷高差起伏较大时，应顺着行车方向将凸出部分铣刨削平，并低于路表面约 10 mm。削除部分喷洒热沥青，再匀撒一层粒径不大于 10 mm 的矿料，扫匀、找平，并压实。

③严重的、大面积波浪或搓板，需将面层全都挖除，然后重铺面层。

2）若面层与基层之间存在不稳定的夹层，面层在行车荷载的作用下推移变形而形成波浪（搓板），应挖除面层，清除不稳定的夹层后，喷洒黏结沥青，重铺面层。

3）因基层局部强度不足或稳定性差等原因造成的波浪（搓板），应先对基层进行处治，再重做面层。

（二）表面损坏维修

沥青路面表面损坏形式有泛油、磨光、油包、啃边和脱皮等。

1. 泛油维修

泛油是指沥青从沥青混凝土层的内部从下向上移动，使表面出现过多沥青。泛油主要是由于沥青用量过大、稠度太低或热稳定性差等原因所引起的。此外，也可能由于低温季节施工，层铺法沥青路面的嵌缝料失散过多，在气温转暖后，自行车荷载作用下多余沥青溢出表面而形成的。

在轻微泛油的路段，可撒上 3~5mm 粒径的石屑或粗砂，并用压路机或控制行车碾压。在泛油较重的路段，可先撒上 5~10 mm 粒径的碎石，用压路机碾压，待稳定后，再撒 3~5mm 粒径的石屑或粗砂，并用压路机或控制行车碾压。面层混合料中沥青含量过高，且已形成软层的严重泛油路段，可视情况采用下述方法：

（1）先撒一层 10~15 mm 粒径（或更大的）碎石，用压路机将其强行压入路面，待基本稳定后，再分次撒上 5~10mm 粒径的碎石，并碾压成型。

（2）将沥青含量过高的软层铣刨清除后，重做面层

维修要点：泛油处治时间应选择在泛油路段已出现全面泛油的高温季节，并在当日气温最高时进行；撒料应顺行车方向撒，先粗后细，做到少撒、薄撒、匀撒、无堆积、无空白；禁止使用含有粉粒的细料；采用压路机或引导行车碾压，使所做料均匀压入路面，如采用行车碾压，应及时将飞散的粒料扫回。

2. 磨光维修

高速公路、一级公路路表抗滑能力降低且已磨光的沥青面层，可用路面铣刨机直接恢复其表面的粗糙度。

路面石料棱角被磨掉，路面光滑，抗滑性能低于要求值时，应加铺抗滑层。加铺前，应先处治好原路面上的各种病害。若原路表有沥青青量过多的薄层，应将其刮除后洒黏层油。罩面形式可以采用拌和法或层铺法施工的单层表面处治和各类表面封层措施，高速公路一般采用超薄磨耗层、薄层罩面等措施。

3. 油包维修

对于较小的油包。油袭或轻微的搓板，在气温较高时（或用加热器烘烤）铲除，也可用机械铣刨铲除后找平补顺，再用热熔铁熔平。因基层强度不足或稳定性差而引起的严重型包或波浪（搓板），应对基层做补强处理后，再铺面层。如面层与基层间有不稳定层，应清除不稳定层，再铺筑面层。

4. 啃边维修

啃边的处治因路面边缘沥青面层破损而形成的啃边，应将破损的沥青而层挖除。在接茬处涂刷适量的黏结沥青，用沥青混合料进行填补，再整平压实。修补啃边后的路面边缘应与原路面边缘齐顺。因基层松软、沉陷而形成的啃边，应先对路面边缘基层局部补强后再恢复面层。应加强路肩的养护工作，保持路肩稳定。随时注意填补路肩上的车辙、坑洼或沟槽，保持路肩与路面衔接平顺，并保持路肩应有的横坡，以利排水。

5. 脱皮维修

1）因沥青面层与封层没有黏结好以及初期养护不良引起的脱皮，应清除已脱落和已松动的部分，再重新做上封层，所做封层的沥青用量及矿料粒径规格应视封层的厚度而定。

2）如沥青面层层间产生脱皮，应将脱落及松动的部分清除，在下层沥青面上涂刷黏结沥青，并重做沥青层。

3）面层与基层之间因黏结不良而产生的脱皮，应先清除掉脱落。松动的面层，并分析黏结不良的原因。若面层与基层间所含水分较多，应晾晒或烘干；若面层与基层之间夹有泥层，则应将泥砂清除干净，喷洒透层沥青后，再重做面层。

（三）裂缝维修

1. 路面裂缝

沥青路面在使用期内开裂，是普遍存在的问题，如果不及时对路面裂缝进行合理处治，必然会加剧路面的进一步损坏。路面裂缝的危害在于，从裂缝中不断进入的水使基层甚至路基软化，导致路面承载力下降，产生错台、网裂，加速路面破坏。沥青路面裂缝按形成原因可分为温度裂缝（由沥青面层温差导致的温缩裂缝）、干缩裂缝（主要由半刚性基层干燥开裂引起，反射到沥青面层形成的反射裂缝）、荷载裂缝（行车荷载作用导致的结构性破坏裂缝）、沉降裂缝（由填土固结沉降或路基不均匀沉降引起）等几种主要形式。

沥青路面开裂的原因和裂缝的形式是多种多样的。影响裂缝轻重程度的主要因素有沥青和沥青混合料的性质、基层材料的性质、气候条件（特别是冬季气温及其变化量）、交通量和车辆类型以及施工因素等。由调查可知，往往由于路面设计或施工原因造成结构层本身强度不足，不适应日益增长的交通量及轴载作用而产生开裂，最初一般表现为纵向开裂，然后发展成为网裂。由荷载产生的这一类裂缝，在我国中低级道路及一些超载严重的高等级公路车行道中是常见现象，然而，对我国大多数高等级公路来说，由于普遍采用半刚性基层，有足够的强度，这一类荷载性裂缝并不是主要的。相反，另一类裂缝即非荷载性裂缝的普遍存在，却引起了极大的关注，尤其是横向裂缝，是与半刚性基层材料与沥青及沥青混合料的性质密切相关的。

2.路面裂缝修补技术

沥青混凝土路面的早期病害多以裂缝的形式出现，加上半刚性基层反射裂缝的普遍存在，沥青路面产生裂缝后，大量路表水沿裂缝侵入路面结构内部，甚至进入路基，致使沥青混凝土路面在车辆荷载特别是重载交通和动态水的交互作用下，经常出现基层细集料流失现象，严重的则可能导致坑槽的出现。及时进行维修，控制裂缝的进一步发展，可以防止路面早期破坏，而选用适宜经济可行的维修方法，严格的工艺操作是维修裂缝的关键。维修方法一般有灌缝、封层、薄层面、现场再生等，常用的方法是灌缝。

开裂后路面的养护措施取决于裂缝的密度与开裂程度。如果裂缝已经钝化或裂缝边缘已损坏，甚至达到了高度损坏，这类路面则最好采用诸如石屑封层、稀浆封层等措施。如果裂缝处于低度至中度损坏状态，开始向边缘损坏发展，维修措施宜采用修补。

如果裂缝处伴有其他形式的损坏，如沉陷、边缘损坏、错台等，或在荷载作用下弯沉显著增大，维修措施可以采取修补或铣刨。但如果弯沉很大或损坏非常严重，为了临时服务交通，可先对裂缝进行临时性处治，并尽快安排大修计划。

（1）灌缝修补法

1）灌缝与填缝的目的

尽管裂缝宽度是选择灌缝或填缝的关键因素，但特定类型裂缝的年横向位移量是最主要的决策依据。通常，在工作裂继边缘损坏之前应采取填缝措施，而非工作裂缝中等边缘损坏到无边缘损坏范围内应采用灌缝措施。

裂缝属于工作裂缝还是非工作裂缝，可根据其类型判定。工作裂缝在方向上常为横向，但是某些纵向和斜向裂缝也可能满足 3mm 位移量的指标。填充工作裂缝的材料能黏结裂缝的两侧壁并能随裂缝的开面与合面伸缩。在低温、低应力下具有一定延伸能力的橡胶改性类材料一般适用于处置工作裂缝。

非工作裂缝包含斜向裂缝，大多数纵向裂缝和某些网状裂缝。由于裂缝间距小，裂缝宽度变化较小。允许使用价低和特殊要求较少的灌缝材料。有经验的技术人员一般可根据经验确定工作裂缝和非工作裂缝。

2）灌缝与填缝的时间

填缝是一种预防性养护。当工作裂缝发展到一定程度后就应进行填缝处理，填缝的时间最好安排在天气偏凉的季节（温度在 7~18℃），如安排在春季和秋季。

选择在有点凉的季节填缝出于两方面的考虑：第一，此时裂缝已开始张开（或尚未闭合），可以填充足够的材料；第二，裂缝张开正好在年平均宽度左右，便于选择填缝材料，因为填缝材料能承受的胀缩总是有限的。

灌缝可以是预防性的也可是日常养护，这取决于道路管理机构处治裂缝的方法。

像填缝一样，非工作裂缝发展到中等程度就应该进行预防性灌缝处治。灌缝应使用耐久性好的灌缝材料，以减少灌缝次数。裂缝完全形成之后应马上灌缝，可以延缓其进一步地增长。

3）灌缝方案

①主要考虑因素

选择灌缝和填缝处治措施应考虑下列因素：气候条件，包括处治时的气候和一般的气候条件：道路类型与等级；交通量与货车比例；裂缝特征与密度材料填缝、灌缝方式养护工艺和机具；安全因素。

方案设计时应重点考虑道路现状及发展趋势，选择适当的材料和填缝、灌缝方式，确定养护工艺和机具。特定路段位置和养护时的气候条件对选择材料和工艺有较大的影响，例如，如果养护时湿度大、温度低，使用加热喷枪能缩短灌缝时间。

在选择材料和养护工艺时，也应考虑公路所在地区整年的气候条件，气温偏高的地区，所选择的材料不应在温度高时出现显著软化和流动。相反，非常冷的地区要求材料在低温下有一定韧性。裂缝特征，比如宽度、张开位移、边缘损坏情况等都对选择材料和工艺有影响。

②选择填缝与灌缝材料

目前市场上有多种牌号的灌缝与填缝材料，每一种都有其明显的技术特点。根据灌缝与填缝材料的组成与生产工艺，可分成两大类和不同的小类。

第一类是冷操作的热塑性沥青材料，又可分为液体沥青（乳化）和聚合物改性液体沥青。

第二类是热操作的热塑性沥青材料，又可分为沥青、纤维沥青、橡胶沥青、改性沥青，低模量橡胶改性沥青和化学处理的热融性材料。

除以上两大类以外，其他材料还有裂化沥青。沥青胶浆和砂粒式沥青混合料。

热塑性沥青材料中，沥青和液体沥青韧性较小，温度敏感性高，因此，用于非工作裂缝的灌缝受到限制；类似地，因为纤维不能增加沥青的弹性，不能显著改进其温度敏感性，所以纤维沥青多数适宜于作灌缝材料。在液体沥青或加热沥青中添加胶类聚合物，一般能增加沥青的韧性，改善沥青的野外性能。韧性改善的程度取决于沥青的类型和性质。硫化橡胶的掺量以及橡胶与沥青的混合，工艺。其他类的聚合物也常与沥青混合使用，单独或与橡胶一起使用。

化学处理热融性材料是把一种或两种材料通过化学反应使其从液态变为固态。这类材料近几年在沥青路面中得到了应用。

材料选择的第一步就是确定材料应该具备的性能，以适应特定的要求，用于填缝的材料，应考虑以下几方面的性能是否合适准备工作时间、工作和易性、养生时间。黏附性。黏结性、抗软化与流动能力、韧性、弹性、抗老化与气候作用、抗磨损。

③选择填缝或灌缝构造

填缝与灌缝材料填灌入缝的构造形式较多，裂缝填灌处治的典型构造可分为四组。

齐平。在齐平构造中，材料仅简单地注入没有经过处理的裂缝中，裂缝外面的材料应铲除；刻槽构造。将裂缝切齐，称裂缝刻槽，材料仅放入切齐的裂缝内、材料或者与缝顶面齐平，或者略低于路面表面。

顶式。材料置入未经切齐的裂缝内。如材料超出裂缝口，应用橡胶滚轴将超出材料滚压成条带，简单的条带构造如超出材料不使其形成条带形，则形成帽形。

刻槽梯形封顶。材料置入切齐的裂缝、然后用橡胶滚轴使超出裂缝的材料滚压成条带，形成的条带应对称于裂缝。几乎所有的填，灌缝工艺都是直接把材料放入裂缝继道内，但有时在填缝之前，将嵌缝条材料（如聚乙烯泡沫条）放在工作裂缝的刻槽底部。泡沫条的作用是防止填、灌缝材料进入切割的刻槽下的裂缝，并且不会与刻槽的侧面黏结在一起，这样，可以加强填、灌缝材料的潜在性能。

填缝料的形状，特别是对于刻槽模式，也影响其性能。在最初的设计时就应考虑其形状，通常用形状参数表示，形状参数定义为宽和深度的比，一般情况下，形状参数仅受切割槽的尺寸控制，当采用嵌缝条时，形状参数受嵌缝条和切割槽尺寸的影响，只有在下列两种情况下，才考虑使用嵌缝条：一种是使用嵌缝条具有技术经济效益；另一种是工作裂缝比较直（比如反射裂缝），并且边缘损坏非常轻，热施工的橡胶改性填缝料多数建议直接填入缝内，但使用嵌缝条也不会增加太多的费用。硅树脂作填缝料时，应使用嵌缝条。

4）灌缝常规方法

在深秋冬末季节，将纵横裂缝处清扫干净，直接用油壶灌入加热的沥青，是一种常规的方法。但常出现浇灌的沥青晾干后进入不到缝纹深处，在与冷的旧沥青路面黏结前就轻易被车轮带走。因此，开发出用乳化沥青进行灌缝处理的技术效果较理想，还有的在灌沥青前，用液化气将缝壁加热至黏性状态后，再把沥青或沥青砂浆喷抹到缝中，最后在缝口表面撒布热砂或石屑加以保护。细小的裂缝，则要用盘式铣刀进行扩宽，再做处理。

1995 年，美国公路部门研究出一种 CRF-PM 聚合物改性乳液，具有很好的弹性、流动性和黏结性，不受季节和气温的影响，填缝后能牢牢地黏附在裂缝壁上和路面连成一体。施工时，只要将 CRF-PM 聚合物改性乳液放在一个专用壶中，由人工浇入裂缝中，再铺砂子，即可开放交通。

国外最近研制出一种合成橡胶填缝材料，可在高于 40 C 的温度下使用，施工时，只需用瓶子盛装，将填缝料液入裂缝，30 min 内即可恢复交通。

5）裂缝封闭处治技术

裂缝封闭处置方法通常由以下五个步骤组成。

①裂缝的整修

采用裂缝刻槽机或金刚锯对裂缝刻槽，刻槽应均匀且断面垂直边缘。刻槽机上一般装有调节刻槽深度的装置。有些裂缝形状不规则，很难准确地在裂缝上进行刻槽，未刻到的部分与刻槽形成相邻的两道缝（槽），此时还应对余缝进行刻槽。

②缝槽的清洁和干燥

需要采用吹风器、空气压缩机、钢毛刷等对已刻缝槽进行清洁，并采用热气枪进行干燥。

③封面材料的准备和填充

主要仪具有沥青锅、沥青分配器、垫条安放工具、输料器等。当路面潮湿或气温低于5℃时，不得进行封面。封面料不应在输料管中停留，灌入时材料的温度应由供货商提供。

一般裂缝修补时，是直接将修补材料填入缝槽中，但有时也将隔离黏附作用的材料如聚乙烯泡沫垫条放在刻槽底部，再填入封面料。放垫条的缝槽应刻得深一点，垫条的宽度比缝（槽）宽25%，使垫条能固定在刻槽中。

④整料

根据需要，采用橡皮棍将填缝材料修整为凹形、齐平，帽形和梯形封顶等形式。梯形封顶尺寸一般为宽度76~127mm，厚度3.2~4.8 mm，简易梯形封顶可以省去刻槽工序，快捷方便。刻槽梯形封顶的作用相当于磨耗层。帽形封顶施工时可较梯形封顶少用工人，但处治效果降低，帽形封顶材料容易发生扩散性流动面变平，材料温度降低较快，与刻槽的黏附不够充分。

⑤吸油

用砂或卫生纸罩在刚修整的材料上，防止刚施工完的封面材料在车轮作用下受磨损而脱落。

6）灌缝施工要求

①纵横向裂缝：由于路面基层温缩、干缩等引起的纵向、横向裂缝，缝宽在5mm以内的，宜将缝隙刷干净，并用压缩空气吹去尘土后，采用热沥青或乳化沥青（潮湿时）泄缝撒料法封堵，灌入2/3的缝深，填入干净石屑或粗砂并捣实，将溢出缝外的沥青及石屑、砂清除；缝宽在5mm以上的，应剔除缝内杂物和松动的缝隙边缘，或沿裂缝开槽后用压缩空气吹净，采用砂粒式、粒式热拌沥青混合料填充、捣实，并用烙铁封口，随即撒砂、扫匀，潮湿时也可采用乳化沥青混合料填缝。

②轻微裂缝在高温季节全部或大部分可愈合的轻微裂缝，可不加处理；对高温季节不能愈合的裂缝，在高温季节可将有裂缝的路段清扫干净并匀洒少量沥青（在低温、潮湿季节宜采用乳化沥青），再匀撒一层2~5mm的干燥洁净石屑或粗砂，最后用轻型压路机将矿料碾压。

③土基、路面基层的病害或强度不足引起的裂缝类破损，首先应处理土基或基层，然后修复路面。

④因路面沥青性能不好或路龄较长。沥青路面层老化产生较大面积的裂缝（包括网裂），若强度尚好时，通过技术经济比较，可选用下列修理方法：乳化沥青稀浆封层，封层厚度宜为3~6 mm；加铺沥青混合料上封层，或先铺设土工布后，再在其上加铺沥青混合料上封层；

（2）乳化沥青微表处和稀浆封层修补法

水和化学物质（乳化剂分为阴、阳离子两大类）的混合物，在强力机械剪应力作用下形成悬浮液，即用胶体磨使其变成黑色流体，形成乳化沥青，其中沥青的含量为50%~70%（乳化沥青可直接用来灌缝、刷边等），用50%石屑、30%粗砂、20%细砂混合成符合级配要求的集料，按油石比8%~12%掺入乳化沥青，加入2%普通水泥作填充料，形成稀浆，由专用的封层机铺在旧沥青路面上，厚度为0.5~0.6 cm。在铺筑过程中，乳化沥青将渗入裂缝中，待与其破乳水分蒸发，达到修补裂缝的目的，还可使路面平整。使用沥青混合料进行封层时，一般厚度在1.5cm以内，可采用层铺法或者拌和法施工。

（3）沥青混合料罩面法（超薄磨耗层、薄层罩面）

这是一种根据路面裂缝严重情况，结合路段使用间隔年限、交通量大小所选用的一种方法。常用标准的中粒式、细粒式沥青混凝土作罩面材料，一般厚度为1.5~4.0 cm，施铺前原路喷洒黏层沥青。目前已开始应用土工布、土工格栅和喷洒橡胶沥青作为应力吸收层，以提高防裂效果。

用于表面处置层的沥青材料，还有一种是冷拌掺纤维的断级配沥青混合料。这种混合料添加纤维的比例可降至0.1%~0.2%，具有良好的流动性和均匀性且施工费用少，因掺入了纤维，防裂效果明显。

沥青路面相隔大约10m就出现横向裂缝，英国的维修工艺是首先标出裂缝和大面积损坏处，使用破碎机将大面积损坏处挖出，用切削机将裂缝处切制成V形截面槽，上宽最小60cm，深30cm（包括沥青层和部分基层），洁净后均用密级配沥青混凝土填平、压实；完成裂缝的处置后，在表面铺一层黏结层，然后摊铺30mm厚的密级配沥青碎石作为平整层；再铺一层45~50mm厚的热压沥青碎石，再撒铺厚度为20mm的热拌沥青石屑，并将石屑压入热沥青层中。两年后观察该方法修补的沥青路面效果很好，预计修补后的沥青路面可多使用几年。

（4）现场再生维修法

封层、罩面法虽可利用机械化施工，但对开裂处的沥青混合料未能触动，使其性能得不到改观，加之覆盖层的厚度有限，裂缝在封层、罩面后常会在表层复出。对此，把沥青路面再生利用的原理应用到裂缝的维修上来，即现场再生维修法。

1）裂缝处的再生

沥青路面再生利用技术目前已普遍应用。就现场再生利用来讲，首先采用再生系列设备，将旧沥青路面加热至融化松散，然后加入再生剂和一定数量的沥青和集料，就地拌和成新的沥青混合料，经摊铺碾压成性能较好的路面。裂缝的再生维修是先用已研制成的轻便型路面加热器，在裂缝处宽 5~10cm 范围内加热数分钟后，约 1m 长的裂缝处旧路面便可变软，如果缝深，则增加加热时间。此时，用油壶倒入适量热沥青，掺入少量砂或石屑，人工就地热拌，使裂缝处自上到下、左右两边形成含油量较大的新混合料，再找平。撒砂养护。这样处理过后的裂缝含油量大而且柔，可吸收各种因素引起的应力。

2）大面积裂缝路面的再生

对于裂缝多的路段，用加热车对旧路面实施两次加热，使表面裂缝深处全部融化变软，喷洒一定数量的再生剂和稀沥青后，与掺入适量的集料就地拌和（拌和方式可采用再生机或铣刨机或人工拌和），然后再进行碾压成型。有的是将有松散裂缝的旧沥青路面趁夏季高温刨出，堆成小堆，采取加热融化或人工破碎或利用融化剂粉碎，重新添加沥青、集料拌和后，就近摊铺碾压，由于改变了裂缝处的沥青混凝土性能，从而达到消除裂缝的目的。

（四）水损坏路面维修技术

随着沥青路面的建设和发展，沥青路面的水损害问题已越来越引起道路工作者的重视。

道路车辆的分道行驶，以及超载车、重载车增加有可能导致的车辙损坏，半刚性基层沥青路面有可能出现较严重的裂缝等有充分的认识和思想准备，同时对道路的抗滑性能也特别重视。在沥青面层结构组合及沥青混合料的配合比设计方面采取了一系列防止车辙和提高构造深度的措施，也在防止开裂方面做了许多工作，但对沥青路面会出现水稳定性不足、坑槽等以及在中低级公路上常见的松散、坑槽现象几乎是没有预料到的。我国许多道路，尤其是多雨潮湿地区的道路，在春融季节、梅雨季节及雨季，路面会出现麻面、松散、掉粒，乃至坑槽，为明显的路面早期损坏。

沥青路面的水损坏已经成为我国沥青路面早期损坏的一种主要模式。大量调查研究发现，各种不同路面结构的水损坏有明显的差别。

1. 沥青路面水损坏的破坏类型及破坏原因

（1）自上而下的表面层水损害

许多初期的路面水损害是自上而下发生的，它往往局限于在表面层发生松散和坑槽，如果及时修补，路面性能可以很快恢复。在降雨过程中，雨水首先渗入并滞留在表面沥青混凝土的空隙中，当下层的沥青混合料密水性好，且沥青层层厚较大，向下渗透相对比较困难时，在大量高速行车的作用下，反复产生的动水压力逐渐使沥青从集料表面剥离，局部沥青混凝土变得松散，碎石被车轮甩出，导致路面产生坑槽。实际上，无论表层沥青混凝土是密实式的还是半开式的，都只是采用了改性沥青或加了抗剥落剂的 SMA 结构，许多工程都有类似的表面层坑洞，只是坑洞的个数和面积的比例有显著差别。

国际上通称的典型的水损害是雨水使沥青膜从集料表面脱落，失去附着力的过程。水损害的先决条件是水的存在，同时存在外力作用的环境。汽车荷载的压应力和高速行驶产生的真空吸力形成剪应力的反复泵吸作用，使沥青膜从剥离发展到松散、掉粒、坑槽，损害的进程与荷载的大小、频度有关。在初始阶段，集料与集料之间发生剪切滑移，伴有沥青膜移动和脱离，当剪切应力超过沥青与集料的黏附力时导致附着力丧失，这个过程很短暂。一条公路在长时间干燥少水的情况下可以稳定地使用，一旦有充足的水大量地从裂缝和大的孔隙中迅速渗入达到饱和，经行车反复泵吸很快就造成沥青膜刺离，成为水损害的典型模式。这和疲劳破坏有根本的不同。

还有一种理论认为，沥青混合料中涂敷沥青的集料颗粒遭遇水的浸泡后，由于水具有很强的表面张力和浸润性，可以通过沥青自发的乳化作用进入并穿透沥青膜侵入沥青集料界面上，并最终将沥青膜取代。如果界面上包含有乳化剂时，集料表面的沥青膜有可能比一般情况下更容易乳化，因此抗剥落剂一方面增强了沥青与酸性石料的黏附性，另一方面增加了沥青被乳化流失的可能性。

由此可见，自上而下的沥青路面的水损害主要表现为表面型坑槽，产生水损害坑槽的原因如下：

1）沥青混合料的设计空隙率或施工后的残余空除率大，渗水严重。我国有些工程采用的 Ⅱ 型沥青混合料，抗滑表层级配等，空隙率较大。它的沥青层很厚，水渗入下层的路径长，很难到达下层，而表面层的 AC-16 Ⅱ 型混合料的空隙率较大，所以路面破坏普遍表现为表面型的坑槽，如果产生的坑槽不及时修补，将会迅速扩展，导致坑槽连片，小坑变大坑。

空隙率包括开孔隙和闭孔隙，造成水损害的原因是渗水，而真正能够渗水的路径只有开孔隙，闭孔隙是不会引起渗水的。研究表明，渗水系数与孔隙率有密切的关系，但又有根本的不同。据研究，渗水系数更能够反映路面离析的真实情况。

2）在平均空隙率并不大的路段上，产生局部性坑槽的主要原因是沥青混合料的离析。

坑槽为什么不同时在所有的地方发生，而首先在某一些地方发生呢？那就是因为某些地方有比其他地方大的空隙存在，而这种大的空隙基本上都是由于离析造成的。沥青混合料的离析有两种含义，一种是集料粗细不均的离析，另一种是温度的离析。离析的后果是压实度不均，致使空隙率不一致。粗细集料的离析可以凭肉眼观察，国外检测离析是通过表面构造深度和渗水程度评价的。

近年来，离析问题已经成为施工中最迫切需要解决的问题，粗细集料的离析同时还伴随着油石比的不均匀，直接导致空隙率不一致。由于沥青混凝土的不均匀性，坑洞总是首先在局部沥青混凝土孔隙率较大处产生，因此是随机分布的一个个孤立的坑洞。很多实例证明，不管是传统的纯沥青混凝土，还是新型的沥青混凝土，在大量行车作用下，都会产生沥青离落现象和水损坏。

3）发生表面层坑槽的路段，经常是表层与中层之间有严重的层间污染，存在两层皮似的脱开现象。层间污染对路面的寿命有直接影响，界面上的泥在遇水后成为泥浆，界面条件就由设计时假定连续变为半连续，甚至滑动，严重影响疲劳寿命。有相当一部分的表面坑槽，是因为某个地方先进水，成为滑动的界面条件，在表面层独立的承受交通荷载的作用下，表面层底就出现大的弯拉应力，从而在短期内损坏。

自上而下的水损害即使出现表面型坑槽，也容易修补，但是如果不及时维修，损坏面积的扩散也很快。所以要尽快维修，以尽量减少对路面的损坏。

（2）自下而上的水损坏

当半刚性基层沥青路面的沥青层较薄时，沥青路面的水损坏经常是自下而上发展的。

水是水损坏的主要原因，水进入沥青路面几乎是不可避免的。但是，由于半刚性基层本身的强度较高，细料含量又多，本身非常致密，它基本上是一种不透水或者渗水性很差的材料。

基层不能排水，并不等于水就不进入沥青层，沥青混合料即使是空隙率很小的密级配，也不是完全不进水，水从各种途径进入路面并到达基层后，不能迅速排走，只能沿沥青层和基层的界面扩散、积聚。

水通过多种形式途径进入路面，如：

1）降雨。有的地方梅雨季节能持续数月之多。时间越长，进入路面的水越多。相比较之下，暴雨形成的积水反而能很快从表面排走。

2）雪水。冬季下雪后融化需要很长的时间，路面一直处于水泡的状态下。有时为了融雪还需要向路面洒盐水或融雪剂。

3）夏季为便路面降温也经常洒水。为了防止车辙变形，在高温季节的中午和下午洒几次水，但如果沥青层的孔隙较大，洒水的同时也会有水不断渗入路面，路面混合料在有水的情况下，车辙变形可能会更严重。

4）中央分隔带的绿化浇水，以及从中央分隔带渗入路面的水（尽管大部分是渗入路基）。

5）挖方路段的裂隙水。现在普遍是挖方路段的水损害破坏比填方路段严重，其中很重要的一个原因是挖掘方破坏了山体的水文地质平衡，使路基下方出现水压力，而向上涌水，有泉水的地方更加严重。目前，挖方路段的边沟几乎全部都是浆砌片石的。这种边沟将路堤内的水彻底地封闭住，使路基冒上来的水没有出路。如果山区挖掘方路段没有排水层，涌水无处可走，水损坏将不可避免。

6）冬季由于冰冻引起的水分积聚。我国北方地区是典型的季节性冰冻地区，入冬以后，温度降低，地层由上而下封冻，并开始结冰，下方的水分逐渐向上积聚，至超过饱和含水量。如果在冬季挖开路面，可以清楚地发现路面沥青层下方基层上面有一层厚薄不均的冰层。待到春天升温冰雪融化时，情况恰好相反，基层还没有化开，上方的冰层先融化。这种情况是最典型的由界面连续变为滑动的状态。

7）有些道路在沥青层铺筑过程中采用水冲洗方法处理层间污染，污水大量储存在下卧层的缝隙中（同时进入的泥土危害更大）。反复的冲洗必然使污物和水同时下渗进路面，从而造成隐患。

因此在沥青路面内部，水的存在几乎是无可避免的，只不过程度不同而已。而沥青层的水是易进不易出，在不能及时排走的情况下，危害性就更大。

这种类型的水损坏基本过程是：

①表面雨水从裂缝和较大孔隙的裂隙中进入路面，当沥青路面存在薄弱环节，如由于离析造成上下有连通的孔隙，水在这些地方比其他地方更容易进入路面内部，并很快进入基层表面；

②由于半刚性基层过分致密，不能迅速将水排除，水滞留在沥青层和基层的界面上；

③在汽车荷载的作用下，下面层沥青混合料的粗集料对基层造成损伤，并形成灰浆，如果基层表面存在薄弱环节，如铺筑沥青层前就有浮灰、修补的薄层等，遇水很快就成为灰浆；

④与此同时，沥青层和基层的界面条件恶化，可能很快转变为滑动的界面条件，沥青层底部承受很大的拉应力，反复荷载的疲劳作用同时发生，拉应力超过极限而开裂；

⑤下面层的公称最大粒径较大，离析也比较严重，并存在一些孔隙较大的部位，水在孔隙中承受很大的高速汽车荷载的抽吸作用，孔隙率较大的下面层将很快出现沥青从集科表面剥离，沥青膜逐渐被水乳化面丧失，导致集料松散。这种情况逐渐向上发展，最后顶破及面，成为坑槽。

总结以上情况，第二类水损坏有以下特点：

水损坏发生在雨季或梅雨季节、季节性冰冻地区的春融季节，有时一场持续几天的大雨就导致严重破坏；行车道破坏严重，超车道一般没有破坏，与重车、超载有关；水损坏之初一般都先有小块的网裂、冒白浆（唧浆），然后松散成坑槽；发生水损坏的地方一般是透水较严重且排水又不畅的部位，如挖开可见下面有积水或浮浆。

（3）沥青路面水损坏的破坏形式与维修措施

1）麻面与集料外露

对于轻微的麻面和集料外露，且数量较小的路段，可薄刷一层沥青，撒石屑或粗砂扫平压实。当沥青面层不贫油时，可在高温季节撒适当的细料，并用扫帚扫匀，使集料填充到路面的空隙中。大面积麻面应喷洒稠度较高的沥青，并撒适当粒径的石屑或粗砂，应使麻面部分中部的集料稍厚，周围与原路面接口要稍薄，定型要整齐，并碾压成型。

对于麻面和集料外露严重，或有松散且数量较大的路段，可在气温10℃以上时，清扫干净，重做沥青封层，或铺筑10~15mm厚的沥青砂罩面。如在低温季节，也可用稀浆封层。高速公路宜采用超薄磨耗层或改性沥青薄层罩面。

2）松散

因沥青用量偏少或因施工气温较低造成的沥青面层松散，其处置方法是：先将路面上已松动了的矿料收集起来，待气温升至15℃以上时，喷洒沥青，再均匀撒上3~6 mm的石屑或粗砂，用轻型压路机压实。

对于因油温过高、沥青老化失去黏结性而造成的松散，应将松散部分全部挖除后，重做面层。

因沥青与酸性石料间的黏附性不良而造成的路面松散，应将松散部分全部挖除后，重做面层。重做面层的矿料不应使用酸性石料，在缺乏碱性石料的地区应在沥青中掺入抗剥落剂、增黏剂或使用干燥的生石灰、消石灰、水泥等表面活性物质作为填料的一部分，或采取用石灰浆处理粗集料等抗剥落措施，以提高沥青与矿料的黏附力，并增加混合料的水稳性。由于基层或土基软化变形而造成的路面松散，应先处理好基层后，再重做面层。

3）坑槽

坑槽修补可分为永久性修补、半永久性修补和临时性修补。永久性修补用于条件尚好、设计寿命较长的道路，包括挖除破损处材料、置换新的沥青混合料等；半永久性修补用于防止较小的坑槽向更大损坏变化，修补方法与永久性修补相同，但不必将坑槽切割成矩形；临时性修补用于需立即修补的已经影响车辆行驶的坑槽，也可用于严重影响行车的道路或已计划进行罩面或重建的道路。

六、沥青路面加铺维修技术

（一）沥青路面加铺方案

1.路面状况判定

对现有路面的使用情况进行调查和判定的目的是了解现有路面的物理或结构状况，评定它对当前和今后使用要求（结构和功能）的适应程度，以便确定需采取修复措施的路段和方案，选择合适的修复对策，并为加铺层设计提供依据和参数。

2.加铺层结构方案

对沥青路面进行加铺层设计可以分为两种类型，旧沥青路面上的沥青加铺层和旧沥青路面上的水泥混凝土加铺层。

在原沥青路面开裂不太严重的情况下，可以在对原路面的病害进行修补后，直接在原沥青路面上铺设沥青加铺层，其中包括最下面的整平层。

在原沥青路面开裂较严重的情况下，可以在对原路面的病害进行修补后，在原沥青面层与加铺层之间增加一个粒料层，以减少原沥青层或半刚性基层的裂缝对加铺层的反射作用。或者，对损坏严重，无法修补（经济上不合算）的原沥青层予以铲除或就地进行再生利用。

（二）旧沥青路面处治技术

1. 加铺前预处理

在对现有沥青路面的损坏状况进行调查、检测和评定的基础上，对原路面存在的病害提出相应的处治措施：

（1）面层出现中等或严重程度的龟裂时，进行全深度修补。

（2）面层出现纵向裂缝时，按裂缝深度进行部分深度（疲劳裂缝）或全深度（施工接缝）修补。

（3）面层出现横向裂缝时，进行全深度修补或采取其他控制反射裂缝的措施。

（4）面层出现沥青老化和由此引起的裂缝时，采用冷磨措施铣刨表层。

（5）面层出现轻度或中度车辙或者纵向不平衡时，采用冷磨措施铣刨表层；出现严重车辙或纵向不平衡时，进行整层更换。

（6）沥青层出现严重沥青剥落时，采用冷磨措施铣刨该层。

（7）半刚性基层出现严重碎裂，粒料层被细粒土渗入和污染或者路基湿软沉降变形过大时，不应在旧面层上直接采用加铺层措施，而应对整个路面结构进行重建设计。

对路面的维修措施进行选择的过程如下：

如果路面整段存在结构上的不足，则需采取单层或双层补强措施；

如果路面整段存在功能上的不足，可采取如下措施中的一种或几种措施的组合恢复路面的表面功能：铣刨、罩面、微表处热就地再生；

根据路面的病害情况，分别针对不同类型的病害和严重程度选择可行的处治措施；

如果存在排水不良问题，选择采取铺设盲沟或重设排水边沟等措施。

2. 反射裂缝防治

反射裂缝产生是由于应力集中造成的，在荷载和温度收缩的作用下，产生弯曲或剪切应力。荷载产生的应力集中与加铺层厚度、材料劲度以及路面结构整体强度有关，温度收缩产生的应力集中与温度的日（季）变化、材料温度胀缩系数有关。加铺前的预处理，如裂缝修补或灌缝有助于减少反射裂缝产生，同时采取一些反射裂缝防止措施则更有利。常用的措施有：

（1）应力吸收层。在控制轻度或中等程度的龟裂裂缝反射方面，应力吸收层被证明是有效的，同时，在控制温度收缩裂缝的反射裂缝方面也是有效的，和灌缝一起使用效果更好，但一般不能延缓由显著的水平和竖向位移产生的裂缝反射。

（2）集中应力释放层：7.5cm 以上厚度的裂缝集中应力释放层在控制大位移产生的反射裂缝方面是有效的，这类材料一般是低沥青含量的升级配粗集料组成的沥青混合料。

（3）锯缝与填缝。在直裂缝的对应位置，对 AC 加铺层进行锯缝处理。并用适当的材料填缝，这种措施对于控制反射裂缝的损坏是很有效的。

（4）增加加铺层厚度。可有效降低荷载作用下的弯曲和剪切位移，也可减少路面内的温度变化，在延缓反射裂缝和其他损坏的反射方面最为有效，但缺点是费用较高。

反射裂缝对加铺层的寿命影响很大，一旦出现反射裂缝，应及时封缝或采取其他措施处理。

（三）沥青路面加铺薄层水泥路面

1. 白色罩面技术

在旧沥青路面上加铺水泥混凝土面层，也称白色罩面（white topping），由于所加水泥混凝土层薄（5~10 cm），也称超薄水泥混凝土路面（Ultra Thin White topping，简称 UTW）。

通过路的修筑与观测表明，UTW 路面是一种经济、快速、有效、简便、修复后可维持较长时间的旧沥青路面修复技术。这种做法开始是一种尝试，也是一种突破。按照传统的刚性路面设计方法，这样的面层很快就会被破坏，而实际情况并非如此。

2.UTW 的施工要求

（1）基础准备

UTW 是在旧的沥青路面上铺筑的，要求旧沥青路面有一定的厚度，通常在表面凿毛处理后，厚度应大于 8 cm，若小于该厚度，则不宜使用 UTW，在施工前，一般要钻芯取样以测定沥青层的厚度并了解底基层的情况。旧沥青路面一般要凿毛，并用气喷或水喷法保持凿毛面清洁，以提高与罩面层的黏结力。施工前，沥青层表面应干燥，天气较热时，可以喷洒水雾以降低沥青表面温度，以防水泥混凝土中水分的蒸发，但表面不得带有自由水分，以确保面层和沥青层黏结在一起，形成复合路面结构。

（2）混凝土配合比

配合比是根据面层的厚度、交通状况和路面开放交通的时间限制来确定的，同时还要考虑地方材料情况。美国的 UTW 项目，混凝土配合比中普遍采用减水剂和超塑化剂，用以提高班工和易性，有时还掺入引气剂，对路面交通开放时间较紧的工程通常采用较高的水泥用量配合比的另一个特点是普遍采用纤维增强技术，UTW 中使用的纤维有很多种，如钢纤维、聚丙烯纤维、聚烯烃纤维尼龙纤维等，其中以聚丙烯纤维应用最广。

（3）接缝切割与处理

切缝必须在路面内具有一定张度但产生开裂之前进行，一般当路面可以上人时，即可开始切缝。

（4）养护

由于UTW厚度很薄，其表面与体积比较大，养护时要使用养护剂。

七、沥青路面再生技术

随着我国道路养护工程的不断发展，对于沥青路面养护维修工作的改革创新也给予了高度的重视，为了最大化地减少施工中所产生的资源消耗现象以及环境污染问题等，就要对循环型道路养护方式和技术工艺等加大研究力度。其中，尤以多种道路废旧材料的再生利用技术的应用效果最为显著，不仅可以大大提升沥青路面养护维修质量，也实现了对环境的全面保护，提高了各类施工资源的利用率。因此，对沥青路面再生技术的有效应用进行深入探究，很有必要。

（一）现场再生技术的应用

1. 现场热再生技术

该沥青路面再生技术指采用相应的加热设备对原有旧路面面层进行加热，直至达到一定深度后再对路面进行破碎处理，进而根据沥青老化程度，将适量的还原剂或再生剂与破碎路面进行充分拌匀，再借助碾压和摊铺设备的力量对路面进行铺筑和整平。根据施工工艺的不同，该技术一般可分为三种技术形式，即重铺再生法、复拌再生法以及加热翻松再生法，这些现场热再生技术不仅可以大大提高路面养护工程的施工效率，对现场产生的废旧沥青混合料加以合理利用，而且不会对道路正常运营造成影响，可以分车道进行施工，并且可以全面确保旧沥青路面的养护质量，进而使其柔韧性、抗渗性、抗承载能力等都能得到进一步的提升。

在实际应用时，加热翻松再生法的工作要点应先利用加热设备将旧沥青混合料路面进行加热，使其温度达到110℃~150℃后，再根据实际情况采取复拌机对路面进行翻松，并且还要将翻松材料与适量的再生剂或还原剂充分融合在一起，最后再对路面进行碾压摊铺。通常，该再生技术一般适用于路面破损不严重且面积小、无反射裂缝的沥青路面养护工程中，可以大大提升路面摩擦系数和平整度。而重铺再生法则是在加热翻松均匀拌和材料并对路面进行整平后，再在其上利用新的沥青混合料铺摊铺一层新的路面结构，在这一过程中所采取的施工工艺技术主要包括加热整形压入碎石工艺和加热整形加罩面工艺，可以很好地提升沥青路面抗滑能力及平整度、力学性能等，通常，该再生技术适用于那些破损较严重的路面和道路升级改造工程中。复拌再生法是指在路面加热到一定温度后，再利用复拌机将翻松材料与新的沥青混合料进行充分搅拌，随后还要将拌和好的混合料摊铺到路面上并碾压成型，完成路面修复。一般情况下，该再生技术较适用于路面破坏不太严重且无反射裂缝，路基力学性能满足要求的沥青路面养护改造工程中。

2. 现场冷再生技术

该沥青路面再生技术可以省去对原有路面加热工序，其在不加热的状态下直接对旧路面进行破碎和翻松处理，并将翻松材料与适量外加剂和乳化沥青进行均匀拌和，在实际应用过程中，主要采取以下两种施工工艺：第一，利用专门的再生设备对拌和好的路面材料进行除碾压以外的各道工序后，再采用压路机对路面进行整体压实；第二，利用再生剂对旧沥青路面的活性进行激活，待其表层被完全氧化后就会自动在旧路面上形成封层，从而进一步延长路面使用寿命，提升其应用功能。目前，现场冷再生技术虽然有着较低的施工成本和简便的施工操作步骤，但由于很难全面控制路面养护施工质量，所以一般将其应用于低等级沥青路面养护工程中或路面基层施工中。

3. 技术应用缺陷

从整体现场再生技术的应用现状来看，其在高速公路路面养护及改造项目中的应用率十分有限，究其原因，主要是因为该技术存在以下几方面的应用缺陷所致：首先，该再生技术仅限于修复沥青路面的表面缺陷，如车辙、平整度、路拱、泛油、麻面等缺陷问题，相反，对于反射裂缝、路基强度较低以及下面层破损严重等路面缺陷的处理很难保证最终养护维修效果；其次，该再生技术在实际应用过程中，由于添加的新料较少，甚至不添加，所以就会导致混合料配合比能力降低，很难达到沥青路面养护施工所规定的级配要求；最后，现场再生技术的应用空间相对狭窄，针对表层路面缺陷的修复和处理，有着十分显著的应用效果，但是对于水损害、反射裂缝和路基强度等结构性破坏问题的处理，很难确保最终的养护修复效果，因此，还需要对该技术进行不断地创新研究，才能满足沥青路面养护工程的实际需求。

（二）厂拌再生技术的应用

1. 厂拌热再生技术

该沥青路面再生技术是指采用铣刨的方式对旧沥青路面废料进行合理调整，使其在加热拌和后能够形成符合规范要求的混合料，然后再采用普通沥青路面施工技术对混合料进行铺筑摊平。为了确保最终的养护施工效果，相关技术人员必须在混合料拌和前，对旧沥青混合料中的沥青含量和老化程度以及破碎后的筛分结果以及各项指标参数等进行获取和分析，以便以此为依据，科学确定新集料的级配，使其油石比能够达到相应的设计标准要求，实现对老化沥青性能的有效改善。从应用优势来看，厂拌热再生技术已具备较为完善的再生沥青混合料实用技术体系，在沥青路面养护工程中，只要旧料配合比设计质量以及相应修复施工环节的质量符合要求，该再生技术就能切实保证沥青路面的持久性和路用性，进而使其与普通沥青路面的质量等级持平。

2.厂拌冷再生技术

该沥青路面再生技术是指将乳化沥青、常温废旧沥青混合料以及集配调整后的新集料进行充分融合，使其形成新的再生混合料，进而通过运输、摊铺、碾压成型等工序，来改善原有沥青路面的整体运行性能。据相关实践证明，厂拌冷再生技术不仅可以大大提升沥青废料及混合料的利用率，更进一步强化旧路面的路用性能，而且在施工过程中，还可以很好地控制混合料的应用性能及相关施工工艺，进而在无须加热、降低能耗的基础上，促使沥青路面达到理想的养护修复效果。此外，该再生技术的环境适应性以及可循环性较强，适用于各等级公路旧沥青路面养护施工中，能够将形成的混合料作为路面基层和底基层施工材料来使用。同时，还能利用旧料替代胶凝材料与稳定剂混合制成可用于铺筑于基层或底基层的稳定土，进而更好地提高路面结构的稳定性和抗承载能力。鉴于此，在当前大力发展绿色交通与资源循环型道路养护方式的背景下，要想进一步减少道路改造及路面养护施工中所产生的废料及环境污染问题等，就要对厂拌冷再生技术的推广和应用给予高度的重视。

在传统沥青路面养护工程中，不仅容易产生大量对环境具有一定影响的废料，而且在实际施工时，还会出现较多施工资源被浪费的情况，这在某种程度上就会与打造绿色交通，发展循环经济的政策背道而驰。因此，要想改善现状，就要对沥青路面再生技术的开发和应用加大重视度，立足于项目实际情况对其进行合理选择，并充分掌握各环节的施工要点和操作要求，确保旧沥青路面的路用性能达到最大化，使其整体使用寿命得到有效的延长。

第二节　混凝土路面施工

一、概述

水泥混凝土路面主要有小型机具、三辊轴、轨道摊铺机、碾压混凝土和滑模摊铺机铺筑五种施工方法。

无论采用何种施工方式，施工前都要做好准备工作。准备工作是保证施工顺利进行和施工质量的前提，具体工作有以下几个方面：

编制好施工组织设计，建立、健全全面质量管理体系；

做好现场清理和水电供应、施工道路、拌和站建设、办公生活用房等辅助设施建设；

进行原材料的准备和性能检验，以及混凝土配合比检验、调整；

对基层的平整度、压实度高程、横坡等指标进行检查和处理、修整，并洒水湿润；

严格按要求安装模板。

1. 小型机具施工

由于我国经济水平的限制和施工的需要,虽然小型机具施工慢,人为影响较严重,但由于其施工操作简易,维修方便,故目前仍然得到了广泛应用,在二级以下公路建设中仍占很大比例。

2. 三辊轴施工

三辊轴机组是介于小型机具和滑模摊铺机之间的一种中型施工设备,比滑模摊铺机成本低,适应性强,操作简单、方便,能达到较高的平整度。自 20 世纪 90 年代以来,其在我国得到了广泛应用。其施工工艺流程与小型机具施工接近,不同之处有两点:一是使用排式振捣机代替手持式振捣棒,二是将振捣梁与滚杠两步工序合为三辊轴整平机一步。三辊轴施工时,推荐使用真空脱水工艺和硬刻槽来保证表面的耐磨性和抗滑性。

3. 轨道摊铺机施工

轨道摊铺机施工是指在基层上铺设两条轨道板,作为路面侧向支撑和路型定位模板,顶部作为路面表面基准,施工机械在轨道上进行布料,之后振动密实、成型、修整、拉毛、养生的水泥混凝土路面施工方法。轨道摊铺机是由摊铺机、整面机、修光机等组成的摊铺列车。轨道既是列车的行驶轨道,又是水泥混凝土的模板。摊铺机上装有摊铺器(布料器),用来将倾卸在路面基层上的水泥混凝土按一定厚度均匀摊铺在基层上,在此过程中轨道是固定不动的。

轨道摊铺机的优点是可以倒车反复做路面;缺点是轨模过重,轨模安装劳动强度大。从国内外水泥混凝土路面大型机械化施工技术的发展角度来看,轨道摊铺机铺筑方式有被滑模摊铺机取代的明显趋势,凡是可使用轨道摊铺机的场合,均可使用滑模摊铺机。现行《公路水泥混凝土路面施工技术细则》(JTG/T F30—2014)中已取消了轨道摊铺机施工方法。

4. 碾压混凝土施工

碾压混凝土路面是指将水泥和水的质量较普通混凝土显著减少的水泥混凝土拌合物经摊铺、碾压后成型的路面。碾压混凝土路面施工技术是利用沥青混凝土摊铺机铺筑碾压混凝土的施工方法。

为保证高等级公路水泥混凝土路面的施工质量,必须从拌和、运输、摊铺直至养生成型均采用机械化施工与现代化的质量检测手段。在高等级公路水泥混凝土路面的各种施工方法中,滑模摊铺机施工是最常用的施工方式,下面重点介绍该施工方法。

二、滑模摊铺机施工

滑模摊铺技术具有施工质量最高，施工速度最快，装备现代化高新成熟技术的特点，是我国高速公路、一级公路水泥混凝土路面施工的首选方法。滑模摊铺机施工不需要轨道板，依靠四个液压缸支承腿控制的履带行走机构行走。整个摊铺机支承在四个液压缸上，它可以控制机构上、下移动，调整摊铺层厚度。在摊铺机的两侧设置有随机移动的固定滑模板。这种摊铺机一次通过就可以完成摊铺、捣实、整平等多道工序。首先由螺旋摊铺器把堆积在基层上的水泥混凝土向左右铺开，刮平器进行初步刮平，然后振捣器进行捣实，刮平器进行振捣后整平，形成密实而平整的表面，再利用搓动式振捣板对混凝土层进行振实和整平，最后用光面带饰面。滑模摊铺机的整面工作与轨道摊铺机基本相同，只是工作时工作装置均由电子液压操作机械来控制。

1. 机械选型与配套设备

（1）机械选型

高速公路、一级公路施工时宜选配能一次摊铺 2~3 个车道宽度（7.5~12.5m）的滑模摊铺机，二级及二级以下公路的最小摊铺宽度应小于单车道设计宽度。硬路肩的摊铺宜选配中、小型多功能滑模摊铺机，并宜连体一次摊铺路缘石。

（2）布料设备选择

滑模摊铺路面时，可配备 1 台挖掘机或装载机辅助布料。采用前置钢筋支架法设置缩缝传力杆的路面、钢筋混凝土路面、桥面和桥头搭板时，应选择下列适宜的布料机械：侧向上料的布料机、侧向上料的供料机、带侧向上料机构的滑模摊铺机、挖掘机加料斗侧向供料、吊车加短便桥钢凳、车辆直接卸料、吊车加料斗起吊布料。

（3）抗滑构造机械

为提高路面的抗滑性，路面必须具有一定的粗糙度，即具有抗滑构造。抗滑构造施工可采用拉毛养生机或人工软拉槽制作抗滑沟槽。工程规模大、日摊铺进度快时，宜采用拉毛养生机。高速公路、一级公路宜采用刻槽机进行硬刻槽。其刻槽作业宽度不宜小于 500mm，所配备的硬刻槽机数量及刻槽能力应与滑模摊铺进度相匹配。

（4）切缝机械

滑模摊铺混凝土路面的切缝，可使用软锯缝机、支架式硬锯缝机和普通锯缝机。配备的锯缝机数量及切缝能力应与滑模摊铺进度相匹配。

（5）滑模摊铺系统机械配套

无论是哪种设备，首先必须满足施工路面、路肩、路缘石和护栏等的基本施工要求；其次，摊铺机的工作配件要齐全，滑模摊铺机应配备螺旋或刮板布料器、松方高度控制板、振动排气仓、足够的振捣棒、夯实杆或振动搓平梁、自动抹平板、可提升边模板、侧向及中部打拉杆装置，必要时还可配备自动传力杆插入装置。

滑模摊铺现场配套设备分为重型设备和轻型设备。重型设备配置有布料机、摊铺机和拉毛养生机。其优点是施工钢筋混凝土路面和桥面时很便捷；缺点是设备多，出故障的概率高。轻型设备配置有 1 台摊铺机。其缺点是人工辅助工作量大，且需要其他设备辅助施工钢筋混凝土桥面。但实际经验证明，轻型设备也能施工优质混凝土路面，国内滑模施工最快的日进度和最高的平整度均在轻型设备上实现。

施工单位应根据工程特点，选择配备布料机、滑模摊铺机和拉毛养生机 3 台设备联合施工方式，也可只配备 1 台滑模摊铺机，其他的由人工辅助施工完成。滑模连续摊铺规模较大的钢筋混凝土路面、桥面、桥头搭板时，宜配备侧向上料的布料机或自带侧向上料机构的滑模摊铺机。

2. 基准线设置

（1）基准线形式

滑模摊铺混凝土路面施工应设置基准线。基准线的设置形式视施工需要可采用单向坡双线式、单向坡单线式和双向坡双线式三种。

1）单向坡双线式。所摊铺的混凝土面板横向坡度为单向坡，而拉线位于摊铺机两侧（双线），这种拉线形式称为单向坡双线式。拉线间距反映路面横坡宽度，顺直段平面上的两条拉线长度相等并平行。

2）单向坡单线式。所摊铺的混凝土面板横向坡度为单向坡，而拉线仅位于摊铺机其中一侧（单线），已铺筑好的一侧不拉线，这种拉线形式称为单向坡单线式。该种拉线形式在路面分两幅以上摊铺的情况下，于后幅摊铺时采用。此时，修筑好的路面、边沟或路缘石可作为摊铺机不拉线一侧的平面参考系。

3）双向坡双线式。所摊铺的混凝土面板横向坡度为双向坡，而拉线位于摊铺机两侧（双线），这种拉线形式称为双向坡双线式。顺直段上的两条拉线完全平行，且对应高程相等，拉线上设置有横坡。

（2）基准线宽度

基准线宽度除应保证摊铺宽度外，还应满足两侧 650~1000mm 横向间距的要求。

直线段基准线桩的纵向间距不应大于 10m，竖曲线、平曲线路段视曲线半径大小应加密布置，最小间距为 2.5m。

（3）线桩的固定

线桩固定时，基层顶面到夹线臂的高度宜为 450~750mm。基准线桩夹线臂夹口到桩的水平距离宜为 300mm，基准线桩必须钉设牢固。

（4）基准线长度

单根基准线的长度不宜大于 450m。

（5）基准线拉力

基准线拉力不应小于 1000N。

3. 摊铺现场准备

（1）机具设备

所有施工机具均应处于良好状态，试运转正常并全部就位。

（2）表面清理

基层、封层表面及腹带行走部位应清扫干净。摊铺面板位置应洒水湿润，但不得积水。热天高温条件下，在旧有沥青或老路面加铺时，可喷撒白色石灰膏降温。基层上的降温和保温措施是为了使面板硬化，提供设计所需要的弯拉强度。

（3）纵缝处理

横向连接摊铺时，前次摊铺路面的纵缝溜肩胀宽部位应切割顺直。侧边拉杆应校直，缺少的拉杆应钻孔锚固植入。纵向施工缝的上半部缝壁应涂满沥青，以保证纵缝顺直及防止水进入。

（4）板厚检查

板厚控制必须在摊铺前的拉线上进行，并要求场站监督，否则摊铺后不合格很难弥补。施工中要随时注意检查和控制板厚。当板厚偏小时，铣刨基层的效果并不好，原因为：一是基层表面损伤有缝且基层厚度不足；二是基层部位与平整基层对面板的摩阻力相差过大，会造成路面运行前两年内断板数量大大增加。因此，必须严格控制基层标高；同时，在面板标高误差范围内，可适当调整面板（拉线）高程，但应在30m 以上长度内调整。

4. 摊铺作业技术要领

在摊铺过程中，滑模摊铺机与其他工艺不同的是必须一遍铺成，以达到振动密实、排气充分、挤压平整、外观规则的目标。因此，不可倒车重铺。要实现此目标，既不能漏振、欠振，造成麻面或拉裂，又不得过振、提浆过厚，形成塌边或溜肩现象。因此，振捣频率必须与速度、混合料稠度达到最优匹配。

（1）摊铺速度

滑模摊铺机操作应缓慢、匀速、连续不间断地进行。摊铺速度应根据拌合物稠度和设备性能控制为 0.5~3.0m/min，一般宜为 1m/min 左右。当混合料的稠度发生变化时，应首先调整振捣频率，然后改变摊铺速度，不得在混合料多时提高摊铺速度，然后随意停机等待、间歇摊铺。

（2）布料作业

1）布料高度。无论采用哪种布料方式，滑模摊铺机前的料线高度都应控制在螺旋布料片最高点以下，并不得缺料。卸料、布料应与摊铺速度相协调。混凝土运到路面铺筑处卸下时，可以采用直接卸在基层上和用卸料机械卸到摊铺机内两种方法。直接将混凝土卸到基层上时，为防止混凝土离析，便于刮板摊铺，应尽可能卸成 2~3 堆。

2）松铺高度。滑模摊铺机摊铺过程中，操作机手应随时调整松方高度以控制板进料位置，开始应略设高些，以保证进料。正常状态下，应保持振捣仓内的砂浆料位高于振捣棒100mm左右，料位高低波动宜控制在 ±30mm 以内。为防止因挤压力忽大忽小而影响平整度，挤压底板的料与振动仓内的混凝土之间应始终维持相互间压力的均衡。

（3）振捣频率

滑模摊铺机以正常速度施工时，振捣频率可在6000~11000r/min之间调整，宜采用9000r/min左右。应注意防止混凝土过振、漏振、欠振，操作机手应根据混凝土稠度的大小随时调整摊铺速度和振捣频率。当混凝土稠度较小时，应适当降低振捣频率，提高摊铺速度，但最高不得超过3m/min，最小振捣频率不得小于6000r/min；当混凝土稠度较大时，应提高振捣频率，但最大不得大于11000r/min，并降低摊铺速度，最小速度宜控制为0.5~1.0m/min。滑模摊铺机起步时，应先开启振捣棒振捣2~3min，再行推进。摊铺机脱离混凝土后，应立即关闭振捣棒。

（4）纵坡施工

滑模摊铺机满负荷时可铺筑的路面最大纵坡坡度：上坡为5%，下坡为6%。上坡时，挤压底板前倾角宜适当调小，并适当调小抹平板压力；下坡时，前倾角宜适当调大，并适当调大抹平板压力。

（5）弯道和渐变段路面施工

滑模摊铺机施工的弯道半径不宜小于50m，最大超高横坡坡度不宜大于7%。滑模摊铺机摊铺弯道和渐变段路面时，在单向横坡处，滑模摊铺机应跟线摊铺，随时调整抹平板内外侧的抹面距离，防止压垮边缘。在双向路拱处，应向计算机中输入弯道和渐变段边缘及路拱的几何参数，计算机会自动形成路拱。进出渐变段时，应保证路拱的生成和消失，以及弯道渐变段路面几何尺寸的正确性。

（6）拉杆安装

单车道摊铺时，应视路面设计要求配置一侧或双侧打纵缝拉杆的机械装置。侧向拉杆打入装置的正确插入位置应在挤压底板的中下部或偏后部。拉杆打入方式分手推、液压、气压等几种方式，应力应满足一次打（推）到位的要求，不允许多次打入或人工后打。滑模摊铺没有固定模板的快速施工方式，在毫无支撑的软混凝土路面边侧或中间打拉杆时容易造成塌边或破坏，要采取措施进行补救。

同时摊铺两个以上的车道时，除侧向打拉杆的装置外，还应在假纵缝位置中间配置1个以上中间拉杆自动插入装置。该装置有前插和后插两种配置。前插时，应保证拉杆的设置位置；后插时，要消除插入上部混凝土的破损缺陷。有振动搓平梁和振动修复板的滑模摊铺机应选择机后插入方式，其他滑模摊铺机可采用机前插入方式。打入的拉杆必须处于路面板厚中间，中间和侧向拉杆打入的高低均不得大于 ±20mm，前后误差不得大于 ±30mm。

（7）砂浆表面厚度

操作机手应随时密切观察所摊铺路面的情况，注意调整和控制摊铺速度、振捣频率，以及夯实杆、振动搓平梁和抹平板的位置、速度和频率。软拉抗滑构造表面砂浆层厚度宜控制为 4mm，硬刻槽路面的砂浆表层厚度宜控制在 2mm 左右。

（8）连接摊铺

连接摊铺时，摊铺机一侧履带驶上前次路面的时间应控制在路面养护 7d 以后，最短不得少于 5d。同时，钢履带底部应铺橡胶垫或使用有挂胶履带的滑模摊铺机。纵向连接摊铺路面时，连接纵缝部位应进行人工整修，连接纵缝的横向平整度应符合相应规定的要求。用钢丝刷刷干净黏附在前幅路面上的砂浆，并刷出粗、细抗滑构造。高速公路、一级公路路面抗滑沟深平均值不应大于 3mm，极值不应大于 5mm；二、三级公路路面抗滑沟深平均值不应大于 5mm，极值不应大于 7mm。

5. 混凝土的养生

混凝土路面在铺筑完成或抗滑构造制作完毕后应立即开始养生。机械摊铺的各种混凝土路面、桥面及搭板宜采用喷洒养生剂，同时保湿覆盖的方式养生。在雨天或养生用水充足的情况下，也可采用覆盖保湿膜、土工毡、土工布麻袋、草袋、草帘等洒水湿养生方式，不宜使用围水养生方式。养生时间应根据混凝土弯拉强度的增长情况而定，不宜小于设计弯拉强度的 80%。应特别注重前 7d 的保湿（温）养生，一般养生天数宜为 14~21d，高温天不宜少于 14d，低温天不宜少于 21d。混凝土板养生初期，严禁人、畜、车辆通行，在达到设计强度 40% 后，行人可通行。在路面养生期间，平交道口应搭建临时便桥。面板达到设计弯拉强度后，方可开放交通。

第三章 路基施工技术

随着我国公路负荷的不断增加，对公路的要求也越来越高。然而，公路路基作为公路不可缺少的重要组成部分，起着承载荷载和向地下传递荷载的作用。路基的强度及稳定性是路面强度和稳定性的保证，公路路基的质量直接影响着公路的质量。

路基是公路线形的主体，是路面的基础，承载着路面的静载及交通动荷载。公路路基的质量直接关系着整个公路路面的使用效果，只有确保路基施工质量，才能保证整个公路工程的质量。本章详细分析了公路路基的施工技术。

第一节 填方路基施工技术

路基施工应做好施工期临时排水总体规划和建设，临时排水设施应与永久性排水设施综合考虑，并与工程影响范围内的自然排水系统相协调。

1. 路基填料

（1）含草皮、生活垃圾、树根、腐殖质的土严禁作为填料。

（2）泥炭、淤泥、冻土、强膨胀土、有机质土及易溶盐超过允许含量的土，不得直接用于填筑路基；确需使用时，必须采取技术措施进行处理，经检验满足设计要求后方可使用。

（3）液限大于50%、塑性指数大于26、含水量不适宜直接压实的细粒土，不得直接作为路堤填料；需要使用时，必须采取技术措施进行处理，经检验满足设计要求后方可使用。

（4）粉质土不宜直接填筑于路床，不得直接填筑于冰冻地区的路床及浸水部分的路堤。

2. 路堤施工

（1）施工取土

1）路基填方取土，应根据设计要求，结合路基排水和当地土地规划、环境保护要求进行，不得任意挖取。

2）施工取土应不占或少占良田，尽量利用荒坡、荒地，取土深度应结合地下水等因素考虑，利于复耕。原地面耕植土应先集中存放，以利再用。

3）自行选定取土方案时，应符合下列技术要求：

①地面横向坡度陡于 1：10 时，取土坑应设在路堤上侧。

②桥头两侧不宜设置取土坑。

③取土坑与路基之间的距离，应满足路基边坡稳定的要求。取土坑与路基坡脚之间的护坡道应平整密实，表面设坡度为 1%~2% 向外倾斜的横坡。

④取土坑兼作排水沟时，其底面宜高出附近水域的正常水位或与永久排水系统及桥涵出水口的标高相适应，纵坡不宜小于 0.2%，平坦地段不宜小于 0.1%。

⑤线外取土坑等与排水沟、鱼塘、水库等蓄水（排洪）设施连接时，应采取防冲刷、防污染的措施。

4）对取土造成的裸露面，应采取整治或防护措施。

（2）选择施工机械，应考虑工程特点、土石种类及数量、地形、填挖高度、运距、气候条件、工期等因素，经济合理地确定。填方压实应配备专用碾压机具。

（3）压实度检测应符合以下规定

1）用灌砂法、灌水（水袋）法检测压实度时，取土样的底面位置为每一压实层底部；用环刀法试验时，环刀中部处于压实层厚的 1/2 深度；用核子仪试验时，应根据其类型，按说明书要求办理。

2）施工过程中，每一压实层均应检验压实度，检测频率为每 1000 m² 至少检验两点，不足 1000 m² 时检验两点，必要时可根据需要增加检验点。

3. 土质路堤

（1）地基表层处理应符合下列规定

1）二级及二级以上公路路堤基底的压实度应不小于 90%，三、四级公路应不小于 85%。路基填土高度小于路面和路床总厚度时，基底应按设计要求处理。

2）原地面坑、洞、穴等，应在清除沉积物后，用合格填料分层回填分层压实。

3）泉眼或露头地下水，应按设计要求，采取有效导排措施后方可填筑路堤。

4）地基为耕地、土质松散、水稻田、湖塘、软土、高液限土等时，应按设计要求进行处理，局部软弹的部分也应采取有效的处理措施。

5）地下水位较高时，应按设计要求进行处理。

6）陡坡地段、土石混合地基、填挖界面、高填方地基等都应按设计要求进行处理。

（2）路堤填筑应符合下列规定

1）性质不同的填料，应水平分层、分段填筑，分层压实。同一水平层路基的全宽应采用同一种填料，不得混合填筑。每种填料的填筑层压实后的连续厚度不宜小于 500 mm。填筑路床顶最后一层时，压实后的厚度应不小于 100 mm。

2）对潮湿或冻融敏感性小的填料应填筑在路基上层。强度较小的填料应填筑在下层。在有地下水的路段或临水路基范围内，宜填筑透水性好的填料。

3）在透水性不好的压实层上填筑透水性较好的填料前，应在其表面设坡度为2%~4%的双向横坡，并采取相应的防水措施。不得在由透水性较好的填料所填筑的路堤边坡上覆盖透水性不好的填料。

4）每种填料的松铺厚度应通过试验确定。

5）每一填筑层压实后的宽度不得小于设计宽度。

6）路堤填筑时，应从最低处起分层填筑，逐层压实；当原地面纵坡坡度大于12%或横坡坡度陡于1：5时，应按设计要求挖台阶，或设置坡度向内且大于4%、宽度大于2 m的台阶。

7）填方分几个作业段施工时，接头部位如不能交替填筑，则先填路段，应按1：1的坡度分层留台阶；如能交替填筑，则应分层相互交替搭接，搭接长度不小于2 m。

4. 填石路堤

（1）填料应符合以下规定

1）膨胀岩石、易溶性岩石不宜直接用于路堤填筑，强风化石料、崩解性岩石和盐化岩石不得直接用于路堤填筑。

2）路堤填料粒径应不大于500 mm，并不宜超过层厚的2/3，不均匀系数宜为15~20。路床底面以下400 mm范围内，填料粒径应小于150 mm。

3）路床填料粒径应小于100mm。

（2）基底处理应符合以下规定

1）承载力应满足设计要求。

2）在非岩石地基上，填筑填石路堤前，应按设计要求设过渡层。

（3）填筑应符合以下规定

1）路堤施工前，应先修筑试验路段。

2）试验路段确定能达到最大压实干密度的松铺厚度、压实机械型号及组合、压实速度及压实遍数、沉降差等参数。

3）二级及二级以上公路的填石路堤应分层填筑压实。二级以下砂石路面公路在陡峻山坡地段施工特别困难时，可采用倾填的方式将石料填筑于路堤下部，但在路床底面以下不小于10m范围内仍应分层填筑压实。

4）岩性相差较大的填料应分层或分段填筑，严禁将软质石料与硬质石料混合使用。

5）中硬、硬质石料填筑路堤时，应进行边坡码砌，码砌边坡的石料强度、尺寸及码砌厚度应符合设计要求。边坡码砌与路基填筑宜基本同步进行。

6）压实机械宜选用自重不小于18 t的振动压路机。

7）在填石路堤顶面与细粒土填土层之间应按设计要求设过渡层。

（5）填石路堤施工质量应符合以下规定

1）填石路堤施工过程中的每一压实层，可用试验路段确定的工艺流程和工艺参数，控制压实过程；用试验路段确定的沉降差指标检测压实质量。

2）路床施工前，应先修筑试验路段，确定能达到最大压实干密度的松铺厚度、压实机械型号及组合、压实速度及压实遍数、沉降差等参数。

3）二级及二级以上公路的填石路堤应分层填筑压实。二级以下砂石路面公路在陡峻山坡地段施工特别困难时，可采用倾填的方式将石料填筑于路堤下部，但在路床底面以下不小于1.0m范围内仍应分层填筑压实。

4）岩性相差较大的填料应分层或分段填筑。严禁将软质石料与硬质石料混合使用。

5）中硬、硬质石料填筑路堤时，应进行边坡码砌，码砌边坡的石料强度、尺寸及码砌厚度应符合设计要求。边坡码砌与路基填筑宜基本同步进行。

6）压实机械宜选用自重不小于18 t的振动压路机。

7）在填石路堤顶面与细粒土填土层之间应按设计要求设过渡层。

（4）填石路堤施工质量应符合以下规定。

1）填石路堤施工过程中的每一压实层，可用试验路段确定的工艺流程和工艺参数，控制压实过程；用试验路段确定的沉降差指标检测压实质量。

2）填石路堤成型后的外观质量标准：路堤表面无明显孔洞。大粒径石料不松动，铁锹挖动困难。边坡码砌紧贴、密实，无明显孔洞、松动，砌块间承接面向内倾斜，坡面平顺。

5. 土石路堤

（1）填料应符合以下规定

1）膨胀岩石、易溶性岩石等不宜直接用于路堤填筑，崩解性岩石和盐化岩石等不得直接用于路堤填筑。

2）天然土石混合填料中，中硬、硬质石料的最大粒径不得大于压实层厚的2/3；石料为强风化石料或软质石料时，石料最大粒径不得大于压实层厚。

（2）在陡、斜坡地段，土石路堤靠山一侧应按设计要求，做好排水和防渗处理。

（3）填筑应符合以下规定

1）压实机械宜选用自重不小于18t的振动压路机。

2）施工前，应根据土石混合材料的类别分别进行试验路段施工，确定能达到最大压实干密度的松铺厚度、压实速度及压实遍数、沉降差等参数。

3）土石路堤不得倾填，应分层填筑压实。

4）碾压前应使大粒径石料均匀分散在填料中，石料间孔隙应填充小粒径石料、土和石渣。

5）压实后透水性差异大的土石混合材料，应分层或分段填筑，不宜纵向分幅填筑；如确需纵向分幅填筑，应将压实后渗水良好的土石混合材料填筑于路堤两侧。

6）土石混合材料来自不同料场，其岩性或土石比例相差较大时，宜分层或分段填筑。

7）填料由土石混合材料变化为其他填料时，土石混合材料最后一层的压实厚度应小于300 mm，该层填料最大粒径宜小于150 mm，压实后，该层表面应无孔洞。

8）中硬、硬质石料的土石路堤，应进行边坡码砌，码砌边坡的石料强度、尺寸及码砌厚度应符合设计要求。边坡码砌与路堤填筑宜基本同步进行。软质石料土石路堤的边坡按土质路堤边坡处理。

（4）土石路堤的外观质量标准：路基表面无明显孔洞；大粒径填石无松动，铁锹挖动困难；中硬、硬质石料土石路基边坡码砌紧贴、密实，无明显孔洞、松动，砌块间承接面应向内倾斜，坡面平顺。

6.高填方路堤

（1）高填方路堤填料宜优先采用强度高、水稳性好的材料，或采用轻质材料。受水淹、浸的部分，应采用水稳性和透水性均好的材料。

（2）基底处理应符合下列规定：

1）基底承载力应满足设计要求。特殊地段或承载力不足的地基应按设计要求进行处理。

2）覆盖层较浅的岩石地基，宜清除覆盖层。

（3）高填方路堤填筑应符合下列规定：

1）施工中应按设计要求预留路堤高度与宽度，并进行动态监控。

2）施工过程中宜进行沉降观测，按照设计要求控制填筑速率。

3）高填方路堤宜优先安排施工。

7.高填方路基沉降的防治

高填方路堤的沉降表现为均匀沉降和不均匀沉降。均匀沉降一般发生在自然环境基本一致，如路线通过地质、地形、地下水和地表水变化不大，并且路基用土、机械设备、施工管理、质量控制等方面无显著变化的路段。不均匀沉降一般发生在地质、地形、地下水、地表水、填挖结合部及筑路材料发生显著变化处。

（1）原因分析

1）路基施工前未认真设置纵、横向排水系统或排水系统不畅通，长期积水浸泡路基而使地基和路基土承载力降低，导致沉降发生。

2）原地面处理不彻底，如未清除草根、树根、淤泥等不良土壤，地基压实度不足等因素，在静、动荷载的作用下，使路基沉降变形。

3）在高填方路堤施工中，未严格按分层填筑分层碾压工艺施工，路基压实度不足而导致路基沉降变形。

4）不良地质路段未予以处理而导致路基沉降变形。

5）路基纵、横向填挖交界处未按规范要求挖台阶，原状土和填筑土密度不同，衔接不良而导致路基不均匀沉降。

6）填筑路基时，未全断面范围均匀分层填筑，而是先填半幅，后填另半幅而发生不均匀沉降。

7）施工中路基土含水量控制不严，导致压实度不足，而产生不均匀沉降。

8）施工组织安排不当，先施工低路堤，后施工高填方路基。往往高填方路堤施工完成后就立即铺筑路面，路基没有足够的时间固结，而使路面使用不久就破坏。

9）高填方路基在分层填筑时，没有按照相关规范要求的厚度进行铺筑，随意加厚铺筑厚度；压实机具按规定的碾压遍数压实时，压实度达不到规范规定的要求，当填筑到路基设计高程时，必然产生累计的沉降变形，在重复荷载与填料自重作用下产生下沉。

10）路堤填料土质差，填料中混进了种植土、腐殖土或泥沼土等劣质土，由于土壤中有机物含量多、抗水性差、强度低等特性的作用，路堤将出现塑性变形或沉陷破坏。

（2）预防措施

1）做好施工组织设计，合理安排各施工段的先后顺序，明确构造物和路基的衔接关系，尤其对高填方段应优先安排施工，给高填方路堤留有足够的时间施工和沉降。

2）基底承载力应满足设计要求，特殊地段或承载力不足的地基应按设计要求进行处理。

3）填筑路基前，疏通路基两侧纵横向排水系统，避免路基受水浸泡。

4）严格选取路基填料用土。宜优先采用强度高、水稳性好的材料，或采用轻质材料。受水淹浸的部分，应采用水稳性和透水性均好的材料。土质应均匀一致，不得混杂，剔除超大颗粒填料，保证各点密实度均匀一致。尽量选择集中取土，避免沿线取土。

5）路堤填筑方式应采用水平分层填筑，即按照横断面全宽分层逐层向上填筑。每层应保证层面平整，便于各点压实均匀一致。

6）合理确定路基填筑厚度，分层松铺厚度一般控制在 30 cm。当采用大吨位压路机碾压时，增加分层厚度，必须要有足够的试验数据证明压实效果，同时须征得监理工程师的同意，方可施工。

7）控制路基填料含水量。

8）选择合适的压实机具，重型轮胎压路机和振动压路机效果比较好。

9）做好压实度的检测工作。

10）对于填挖结合部，应彻底清除结合部的松散软弱土质，做好换土、排水和填前碾压工作，按设计要求从上到下挖出台阶，清除松方后逐层碾压，确保填挖结合部的整体施工质量。

11）施工过程中宜进行沉降观测，按照设计要求控制填筑速率。

第二节　挖方路基施工技术

1. 土方开挖

路堑的开挖施工应根据放样桩和分界线、坡度及高程自上而下分层开挖，并将挖掘出来的土石按施工计划尽可能运至填土段或指定的地点堆放，做到边挖边填、边压实。确需弃土时，弃土堆应置于路堤坡脚或路堑两端，弃土堆边坡坡度不应陡于 1 : 1.5。

不得乱挖、超挖，严禁掏洞取土。当路堑挖至接近设计边坡时，宜采用人工修整；接近路床设计高程时，应根据土质情况预留一定厚度的土层做保护、调平、碾压路床之用，并保持一定的排水坡度，雨季预留厚度宜为 20~50 cm，冬季视当地冻土深度确定。

施工期间应保证截水沟及临时排水设施的排水通畅。路堑组织施工的方法，应根据其深度及纵向长度，采用横挖法、纵挖法及纵横混合法组织施工。

（1）横挖法。横挖法按横断面全宽沿道路纵向开挖，此法适用于短而深的路堑。掘进时逐段成形向前推进，运土由相反方向送出，此方法可以获得较高的挖掘深度，但工作面较窄。当路堑过深时，可分成台阶同时掘进，以增加工作面，加快施工进度。每一台阶应有单独的运土出路和排水沟渠，以免相互干扰，影响功效，造成事故。人工开挖台阶高度宜为 1.5~2 m，机械开挖台阶高度宜为 3~4 m。各层台阶应有独立的运土通道，人工运土通道宽度不宜小于 2 m，机械运土单车通道不应小于 4 m，双车通道宽度不宜小于 8 m。

（2）纵挖法。沿路堑纵向将高度分成不大的层次依次开挖，称为纵挖法。纵挖法适用于较长的路堑。

当路堑的宽度和深度都不大，可以按横断面全宽纵向逐层挖掘，称为分层纵挖法。挖掘的地表应向外倾斜，以利排水。此方法适用于铲运机和推土机施工。

当路堑的长宽和深度比较大时，可先在路堑纵向挖一条通道，然后向两侧开挖，称为通道纵挖法。通道作为机械通行或出口路线。

如果路堑很长，可在适当位置选择一个（或几个）地方，将路堑的一侧横向挖成马口，把长路堑分成几段，各段再采用纵向开挖，称为分段纵挖法。此法适用于一侧堑壁不厚不深的傍山长路堑。

（3）纵横混合法。纵横混合法是将横挖法、通道纵挖法混合使用的方法，先由路堑纵向挖出一条通道，以增加开挖坡面，但要注意每一开挖面应能容纳一个作业组或一台机械组合。纵横混合法适用于路堑深、土方量大、进度要求快的工程。施工前应用统筹法合理安排、统一调度、有序施工，严禁人机混合作业。

土方工程开挖施工应符合下列规定：

1）可作为路基填料的土方，应分类开挖分类使用，非适用材料应按设计要求或作为弃方按规定处理。

2）土方开挖应自上而下进行，不得乱挖超挖，严禁掏底开挖。

3）在开挖过程中，应采取措施保证边坡稳定。开挖至边坡线前，应预留一定宽度，预留的宽度应保证刷坡过程中设计边坡线外的土层不受到扰动。

4）路基开挖中，基于实际情况，如需修改设计边坡坡度、截水沟和边沟的位置及尺寸时，应及时按规定报批。边坡上稳定的孤石应保留。

5）开挖至零填、路堑路床部分后，应尽快进行路床施工。如不能及时进行，宜在设计路床顶标高以上预留至少300mm厚的保护层。

6）应采取临时排水措施，确保施工作业面不积水。

7）挖方路基路床顶面终止标高，应考虑因压实而产生的下沉量，其值通过试验确定。

2. 岩石开挖

按开挖难易程度，比较坚硬的路基土俗称岩石。岩石开挖方法有爆破法、松土法或破碎法。开挖前应根据工程地质勘探资料，按照路基土的类别、风化程度、节理发育程度等来确定开挖方式及开挖工具。对软石和强风化岩石能用机械直接开挖的应采用机械开挖；石方量小，工期允许时，也可采用人工开挖。凡不能使用机械或人工直接开挖的岩石，应采用爆破法开挖。石方工程开挖施工应符合下列规定。

（1）石方开挖应根据岩石的类别、风化程度、岩层产状、岩体断裂构造、施工环境等因素确定开挖方案。

（2）深挖路基施工，应逐级开挖，逐级按设计要求进行防护。

（3）爆破作业必须符合《爆破安全规程》（GB 6722—2014）。爆破施工组织设计应按相关规定报批。

（4）石方开挖近边坡部分宜采用光面爆破或预裂爆破。

（5）爆破法开挖石方，应先查明空中缆线、地下管线的位置、开挖边界线外可能受爆破影响的建筑物结构类型、居民居住情况等，然后制订详细的爆破技术安全方案。

（6）爆破开挖石方宜按以下程序进行：爆破影响调查与评估→爆破施工组织设计→培训考核、技术交底→主管部门批准→清理爆破区施工现场的危石等→炮孔钻孔作业→爆破器材检查测试→炮孔检查合格→装炸药及安装引爆器材→布设安全警戒岗→堵塞炮孔→撤离施爆警戒区和飞石、震动影响区的人、畜等→爆破作业信号发布及作业→清除盲区→解除警戒→测定、检查爆破效果（包括飞石、地震波及对施爆区内构造物的损伤、损失等）。

（7）边坡整修及检验

1）挖方边坡应从开挖面往下分段整修，每下挖2~3m，宜对新开挖边坡刷坡，同时清除危石及松动石块；

2）石质边坡不宜超挖；

3）石质边坡质量要求：边坡上无松石、危石。

（8）路床清理及验收

1）欠挖部分必须凿除。超挖部分应采用无机结合料稳定碎石或级配碎石填平碾压密实，严禁用细粒土找平。

2）石质路床底面有地下水时，可设置渗沟进行排导，渗沟宽度不宜小于100mm，横坡坡度不宜小于0.6%。渗沟应用坚硬碎石回填。

3）石质路床的边沟应与路床同步施工。

第三节 路基压实施工技

一、一般土路基的压实

路基压实施工的要点包括选择压实机具、压实方法，确定压实度，确定填料的含水量，采用正确方法压实，检查路基压实质量等。

1. 选择压实机具。为了保证路基压实度的要求，一般采用机械压实，选择压实机具应综合考虑路基土性质、工程量的大小、施工条件和工期气候条件及压实机具的效率等。

2. 采用正确方法压实。道路土基填方，要特别控制压实松铺土厚度，不应使其大于30 cm。宜做试验路段，并按试验结果确定松铺土厚度。

机械填筑整平压实，可用铲运机、推土机配合自卸汽车推运土料填筑路堤，分层填土，且自中线向两边设置2%~4%的横向坡度，及时碾压。雨期施工更应注意设置较大横坡和随铺随压，保证当班填铺的土层达到规定压实度。

经检查填土松铺厚度、平整度及含水量，符合要求后进行碾压。压路机碾压路基时，应遵循先轻后重、先稳后振、先低后高、先慢后快以及轨迹重叠等原则，根据现场压实度试验提供的松铺厚度和控制压实遍数进行压实。若控制压实遍数超过10遍，应考虑减少填土层厚，经检验合格后，方可转入下道工序，以防止填土层底部达不到规定压实度。

采用振动压路机碾压时，第一遍应不振动静压，然后由慢到快、由弱到强进行压实。各种压路机开始碾压时，均应慢速，最快不要超过4 km/h。碾压直线段由边到中，小半径曲线段由内侧向外侧，纵向进退进行。碾压轨迹重叠1/3以上，纵、横向碾压接头必须重叠，并压至填土层表面平整，无松散、发裂，无明显轨迹即可取样检验压实度。

二、路堑及其他部位填土的压实

1.路堑压实。路堑、零填路基的路床表面 30 cm 内的土质必须符合规范对土质的要求，否则要换填符合要求的土。土质合格的也要经过压实，检验压实度。

2.桥涵及其他构筑物处填土压实。

（1）桥涵两侧填土

填土底部与桥台基础距离应不小于 2m，桥台顶部距翼墙端部应不小于桥台高度加 2m，拱桥的桥台填土顶部宽度应不小于台高的 4 倍，涵洞顶部填土每侧不小于 2 倍的孔径。桥涵两侧、挡土墙后背及修建在路基范围内的其他构筑物周边，宜采用砂类土、砾石类土等透水性能好的填料填筑；也可采用粉煤灰、石灰土填筑，并要分层对称填筑。主干路松铺厚度应不大于 15 cm，其他等级道路松铺厚度宜小于 20cm。桥台填土宜与锥坡填土同时进行。

（2）挡土墙填土

挡土墙的填料、分层应与桥涵填土相同，填土层顶部应做成向外倾斜的横坡。设有泄水孔的挡土墙，孔周反滤层施工应与填土同步进行。

（3）收水井周边、管沟填土

宜采用细粒土或粗中砂回填。细粒土松铺厚度宜为 15 cm 左右，中粗砂宜为 20 cm 一层。填料中不得含有大于 5 cm 的石块、砖碴。填筑时，在井和管沟两边应对称进行。

（4）检查井周填土

井周 40 cm 范围内，不宜采用细粒土回填，而应采用砂、沙砾土或石灰土回填。砂、沙砾土的松铺厚度不宜大于 20 cm，石灰土的松铺厚度宜为 15cm 左右。填筑应沿井室中心对称进行。

三、填石路基的压实

填石（土石）路堤应采用 18t 以上的重型振动压路机或 25t 以上的轮胎压路机碾压。水中填石高出水面 50 cm 左右宜先用 2.5 t 以上的夯锤先夯击，再用振动压路机碾压。场地狭窄处，半填路段的沙砾料，宜采用手扶振动压路机或振动夯，分层（每层 15~20cm）压（夯）实。

1.路基压实前，应用大型推土机将石料摊铺平整，个别不平处，应人工配合用石屑进行调平碾压。

2.填石（土石）路基压实，应按先两侧后中间的方法进行，压实路线应纵向平行，碾压行进速度、压轮重叠宽度与土路基压实相同，经反复碾压至无下沉、顶面无明显高低差为止。

3.当采用重锤夯击时，以落锤锤击不下沉且发生弹跳为度。下一锤位置应与原夯击面重叠 40~50 cm，相邻区段应重叠 1~1.5 m。

四、高填方路堤的压实

高填方路堤的施工除要满足一般路堤的施工技术要求外，还要注意基底的承载力、路堤的沉降和稳定性。当路基松软虽经碾压仍不能满足设计要求的承载强度和回弹模量时，必须进行加固处理。

五、路基压实质量问题的防治

1.路基行车带压实度不足的原因及防治

（1）原因分析

路基施工中压实度不能满足质量标准要求，甚至局部出现"弹簧"现象，主要原因是：

1）压实遍数不合理。

2）压路机质量偏小。

3）填土松铺厚度过大。

4）碾压不均匀，局部有漏压现象。

5）含水量大于最佳水量，特别是超过最佳含水量两个百分点，造成弹簧现象。

6）没有对上一层表面浮土或松软层进行处治。

7）土场土质种类多，出现异类土壤混填，尤其是透水性差的土壤包裹透水性好的土壤，形成了水囊，造成弹簧现象。

8）填土颗粒过大（粒径大于 10 cm），颗粒之间空隙过大，或采用不符合要求的填料（天然稠度小于 1.1，液限大于 40，塑性指数大于 18）。

（2）治理措施

1）清除碾压层下软弱层，换填良性土壤后重新碾压。

2）对产生"弹簧"的部位，可将其过湿土翻晒，拌和均匀后重新碾压，或挖除换填含水量适宜的良性土壤后重新碾压。

3）对产生"弹簧"且急于赶工的路段，可掺生石灰粉翻拌，待其含水量适宜后重新碾压。

2.路基边缘压实度不足的原因及防治

（1）原因分析

1）路基填筑宽度不足，未按超宽填筑要求施工。

2）压实机具碾压不到边。

3）路基边缘漏压或压实遍数不够。

4）采用三轮压路机碾压时，边缘带（0~75 cm）碾压频率低于行车带。

（2）预防措施

1）路基施工应按设计的要求进行超宽填筑。

2）控制碾压工艺，保证机具碾压到边。

3）认真控制碾压顺序，确保轨迹重叠宽度和段落搭接超压长度。

4）提高路基边缘带压实遍数，确保边缘带碾压频率高于或不低于行车带。

（3）治理措施

校正坡脚线位置，路基填筑宽度不足时，返工至满足设计和规范要求（注意：亏坡补宽时应开蹬填筑，严禁贴坡），控制碾压顺序和碾压遍数。

第四节　特殊路基施工技术

特殊路基，一般是指修建在不良地质情况、特殊地形情况、某些特殊气候因素等不利条件下的道路路基。特殊路基有可能因自然平衡条件被打破（或者边坡过陡，或者地质承载力过低）而出现各种各样的问题，因此，除要按一般路基标准、要求进行设计施工外，还要针对特殊问题进行研究，采取相应的处理措施。

一、特殊路基分类

特殊路基根据土质、地质，地形、气候因素可分为以下类型：

1. 湿黏土路基、软土地区路基、红黏土地区路基、膨胀土地区路基、黄土地区路基、盐渍地区路基、风积沙及沙漠地区路基。

2. 季节性冻土地区路基、多年冻土地区路基、涎流冰地区路基、雪害地区路基。

3. 滑坡地段路基、崩塌与岩堆地段路基、泥石流地区路基。

4. 岩溶地区路基、采空区路基。

5. 沿河（沿溪）地区路基、水库地区路基、滨海地区路基。

特殊路基施工应根据其特点和具体情况以及必要的基础试验资料，进行经济、技术综合考虑，因地制宜地制订施工方案，编制专项施工组织设计，批准后实施。

特殊地区路基一般要注意以下四个环节：

（1）对地质资料、土工试验的详细检查，对设计图和实践经验的调查研究。

（2）室内试验和现场试验，特别是对重要工程。

（3）精细施工并注意现场的监测和数据的搜集。

（4）反复分析，验证设计，监测工程安全。

二、湿黏土路基施工

1. 基底为软土时，应按设计要求进行处治。

2. 不同类的填料，不得填筑在同一压实层上。

3. 路堤填筑时，每层宜设坡度为 2%~3% 的横坡。当天的填土，宜当天完成压实。

4. 填筑层压实后，应采取措施防止路基工作面暴晒失水。

5. 水稻田地段路基施工，应符合下列规定：

（1）水稻田地段路基施工，不得影响农田排灌。

（2）施工前应采取措施排除公路用地范围内的地表水。

（3）二级及二级以上公路路堑段，应在边坡顶适当距离外，筑埂并挖截水沟；土质、风化岩石边坡，应浆砌护墙或护坡；路堑路段宜加大边沟尺寸并采用浆砌。

6. 河、塘、湖地段路堤施工应符合以下规定：

（1）受水浸、润作用的路堤部分，宜用水稳性好、塑性指数不大于 6、压缩性小、不易风化的透水性填料填筑。

（2）在洪水淹没地段的路堤两侧不得取土；三、四级公路，特殊情况下，可在下游侧距路堤安全距离外取土。

（3）两侧水位差较大的河滩路堤，根据具体情况，宜放缓下游一侧边坡、设滤水质和反滤层、在基底设隔渗墙或隔渗层。

（4）防洪工程应在洪水期前完成，施工期间应注意防洪。

7. 多雨潮湿地区路基施工应符合下列规定：

（1）多雨潮湿地区施工，应注意排水。机具停放地、库房、生活区域应选在地势较高不易被水淹的地点，并有完善的排水防洪设施。

（2）多雨潮湿地区，应按设计要求对基底过湿土层进行处理。

三、软土地区路基施工

（一）软土地基的工程特性

淤泥、淤泥质土及天然强度低、压缩性高、透水性小的一般黏土统称为软土。对于高速公路，标准贯击次数小于 4，无侧限抗压强度小于 50 kPa 且且含水量大于 50% 的黏土，或标准贯击次数小于 4 且含水量大于 30% 的砂性土也统称软土。大部分软土的天然含水量介于 30%~70% 之间，孔隙比为 1~1.9，压缩性系数为 0.005~0.02，抗剪强度低（快剪黏聚力在 10 kPa 左右，快剪内摩擦角 0° ~5° ），具有触变性和显著的流变性。

（二）软土地基的处置方法

软土地区的路基问题主要是路堤填筑荷载引起软土地基滑动破坏稳定的问题和长

时间大沉降的问题。软土地基处治前，应复核处治方案的可行性，编制实施性施工组织设计。处治材料的选用及处治方案，宜因地制宜，就地取材。

软基处治方法很多，不同的处治方法具有各自的适用范围和使用效果，但主要目的都是为了增强地基的稳定性和加速地基沉降或减小地基总沉降量。

（三）铺砂（砾）垫层法

铺砂（砾）垫层法是在软土层顶面铺砂（砾）垫层，主要起浅层水平排水作用。

铺砂（砾）垫层法适用于路堤高度小于 2 倍极限高度（在天然软土地基上，基底不作特殊加固处理而用快速施工法填筑路堤的最大高度）的软土层较薄硬壳层。表面渗透性很低的硬壳或软土层稍厚但具有双面排水条件的地基情况。该法施工简便，不需特殊机具设备，占地较少。但需放慢填筑速度，控制加荷速率，以便地基进行充分排水固结。因此，铺砂（砾）垫层法适用于工期不紧迫、砂（砾）料充足运距不远的施工环境。

铺砂（砾）垫层法施工要求：

1. 垫层材料宜采用无杂物的中，粗砂、含泥量应小于 5%（当与排水固结法综合处治软基时，其含泥量不大于 3%）；也可采用天然级配砂砾料，其最大粒径应小于 50 mm，砾石强度不低于四级（洛杉矶法磨耗率小于 60%）。

2. 垫层宜分层摊铺压实，碾压到规定的压实度。碾压时最佳含水量一般控制在 8%~12%，摊铺厚度为 250~350 mm，压实机具宜采用自重为 60~80kN 的压路机。

3. 垫层采用砂砾料时，应避免粒料离析。

4. 垫层宽度应宽出路基边脚 500~1 000 mm，两侧宜用片石护砌或采用其他方式防护。

（四）换填法

换填法一般适用于地表下 0.5~3 m 范围的软土处治。根据施工的不同，常用换填法有分开挖换填法、抛石挤淤法、爆破排淤法三种：

1. 开挖换填法

开挖换填法就是将软弱地基层全部或部分挖除，再用砂砾、碎石、钢渣等透水性较好的材料回填的一种软基处治法。该法用于泥沼（泥沼是一种以泥炭沉积为主，并包含着各种水草、淤泥和水的土层）及软土厚度小于 2.0m 的非饱和黏性土的软弱表层，也可添加适量石灰、水泥进行改良处治。一般不用于处治深层软基、沉降控制严格的路基桥涵构筑物引道等情况。

（1）开挖

软基开挖要注意渗水及雨水问题，可边挖边填或全部，局部挖除后回填。

开挖深度小于 2 m 时，可用推土机、挖掘机或人工直接清除软土至路基范围以外堆放或运至取土坑还填；开挖深度不小于 2m 时，要从两端向中央分层挖除，并修筑临时运输便道，由汽车运出。

路基坡脚宽度范围内的软土应全部清除，边部挖成台阶状；坡脚（含护坡道）范围外，对于小滑塌软土。对于高压缩性淤泥质软土，可将护坡道加宽加高至不小于原软土地面。

（2）回填及压实。

回填料应选用水稳性或透水性好的材料。回填应分层填筑、压实。

用碎石土或粉煤灰等工业废渣回填时，常采用振动压路机和重型静力压路机（12~15 t 的三轮压路机）压实。为达到较好压实效果，非土方填料分层填筑厚度不宜过小。在当地条件许可时，可用这些填料填至原地面。

2. 抛石挤淤法

抛石挤淤法是向路基底部抛投片石。将淤泥挤出基底范围，以提高地基强度的一种软基处置方法。抛石挤淤法一般用于当泥沿及软土厚度小于 3.0 m，且其软土层位于水下，更换土施工困难或基底直接落在含水量极高的淤泥上，呈流动状态的情况。一般认为，抛石挤淤法是经济、适用的。在常年积水、排水困难的洼地，泥炭呈流动状态，厚度较薄，表层无硬壳，片石能沉到底部的泥沼，特别软弱的地面上施工机械无法进入，对于这种石料丰富、运距较短的情况，抛石挤淤法较为适用。当淤泥较厚、较稠时须慎重选用本法。

抛石挤淤法施工要求：

（1）应选用不易风化的片石，片石厚度或直径不宜小于 300 mm。片石大小应根据泥炭或软土稠度而定。

（2）软土地层平坦、软土成流动状时，抛投填筑应沿路基中线向前成三角形方式投放片石，再渐次向两侧全宽范围扩展，以使淤泥挤向两侧。当软土地层横坡陡于1 : 10 时，应自高侧向低侧填筑，并在低侧坡脚外一定宽度内同时抛填形成片石平台。

（3）片石抛填出软土面后，宜用重型压路机反复碾压，再用较小石块填塞垫平，并碾压密实。

3. 爆破排淤法

爆破排淤法：是将炸药放在软土或泥沼中引爆，利用爆炸张力把淤泥或泥沼排除，再回填强度高、渗透性好的砂砾、碎石等填料的一种软基处理方法。它用于淤泥层较厚、稠度较大、路堤较高的地方。

工期紧迫、不影响周围其他构筑物的情况。

爆破排淤法根据施工顺序分为两种：一种是先填后爆，即先在原地面上填筑低于极限高度的路堤，再在基底下爆破，适用于稠度较大的软土或泥沼；另一种是先爆后填，适用于稠度较小、回淤较慢的软土。

（五）土工合成材料处治法

土工合成材料处治法，即利用土工合成材料（如土工布、土工格栅等）增强软基承载能力的一种软基处置方法。

1. 土工合成材料施工规定

（1）土工合成材料技术、质量指标应满足设计要求。土工合成材料在存放以及铺设过程中避免长时间曝晒或暴露。与土工合成材料直接接触的填料中严禁含强酸性、强碱性物质。

（2）下承层应平整，摊铺时应拉直、平顺，紧贴下承层，不得扭曲、折皱。在斜坡上摊铺时，应保持一定松紧度。

（3）铺设土工合成材料，应在路堤每边各留一定长度，回折覆盖在已压实的填筑层面上，折回外露部分应用土覆盖。

（4）土工合成材料的连接，采用搭接时，搭接长度宜为 300~600 mm；采用缝接时，为保证土工聚合物的整体性，可用尼龙线或涤纶线缝接，方法有对面缝和折叠缝两种。一般多采用对面缝，缝接处强度可达到纤维强度的 80%，基本能满足要求。如果用折叠缝，应用双道缝合线，可取得更高的强度。施工时最好采用移动式缝合机，避免漏缝及断线等，键接宽度应不小于 50 mm，缝接强度应不低于土工合成材料的抗拉强度；采用黏结时，黏合宽度应不小于 50 mm，黏合强度应不低于土工合成材料的抗拉强度。

（5）施工中应采取措施防止土工合成材料受损，出现破损时应及时修补或更换。

（6）双层土工合成材料上、下层接缝应错开。错开间距应大于 500mm。

2. 铺设土工布

将土工布铺设于路基底部，在填筑路基自重作用下受拉产生抗滑力矩，从而提高路基的稳定性。土工布在软基中主要起排水、隔离、分散应力和加筋补强作用。

土工布的铺设分单层和多层，当为两层以上时，层与层之间要夹填 10~20 cm 厚砂或沙砾层，以提高基底透水性。

3. 土工格栅

土工格栅是通过格栅表面与土的摩擦作用、格栅孔眼对土的锁定作用、格栅肋的被动抗阻作用约束土颗粒的侧移，从而提高路基的承载力及稳定性。土工格栅的加固效果明显，施工速度快，能大大缩短工期。

4. 土工格室

土工格室是由强化的 HDPE 片材料，经高强力焊接而形成的一种三维网状格室结构。在集中载荷作用下，受力的主动区依然会把所受的力传递给过渡区，但由于格室壁的侧向限制和相邻格室的反作用力，以及填料与格室壁的摩擦力所形成的横向阻力，抑制了土体的横向移动倾向，从而使路基的承载能力得以提高。土工格室常用于处理风沙地区路基、台背路基填土加筋、多年冻土地区路基、黄土湿陷路基处理、盐渍土、膨胀土路基等。

（六）施打塑料排水板法

1. 塑料排水板施工要求

（1）选用塑料排水板的技术、质量指标应符合设计要求。

（2）现场堆放的塑料排水板，应采取措施防止损坏滤膜。露天堆放时应有遮盖，不得长时间曝晒。

（3）塑料排水板超过孔口的长度应能伸入砂垫层不小于 500 mm 处，预留段应及时弯折埋设于砂垫层中，与砂垫层贯通，并采取保护措施。

（4）塑料排水板不得搭接。

（5）施工中防止泥土等杂物进入套管内，一旦发现，应及时清除。

（6）打设形成的孔洞应用砂回填，不得用土块堵塞。

2. 塑料排水板加固软土地基的优点

（1）滤水性好，排水畅通，排水效果有保证。

（2）材料有良好的强度和延展性，能适合地基变形能力而不影响排水性能。

（3）排水板断面尺寸小，施打排水板过程中对地基扰动小。

（4）可在超软弱地基上进行插板施工。

（5）施工快、工期短，每台插板机每日可插板 15 000 m 以上，造价比比袋砂井低。

对于深厚的软土地基采用排水固结法进行加固时，从技术上和经济上考虑，排水板是一种经济、有效、可行的方法。

（七）反压护道法

反压护道法是指为防止软弱地基产生剪切、滑移，保证路基稳定，对积水路段和填土高度超过临界高度的路段，在路堤一侧或两侧填筑起反压作用的，具有一定宽度和厚度的护道土体的一种软基处置方法。其原理是通过护道改善路堤荷载方式来增加抗滑力的方法，使路堤下的软基向两侧隆起的趋势得到平衡，从而保证路堤的稳定性。

反压护道法适用于路堤高度不大于 1.5~2 倍的极限高度，非耕作区和取土不太困难的地区。

采用反压护道法加固地基，不需特殊的机具设备和材料，施工简易方便，但占地多，用土量大，后期沉降大，以后的养护工作量也大。

反压护道施工填料材质应符合设计要求。护道宜与路堤同时填筑，分开填筑时，必须在路堤达临界高度前将反压护道筑好。护道压实度应达到《公路土工试验规程》（JTG E40—2007）重型击实试验法测定的最大密度的 90%，或满足设计提出的要求。

（八）堆载预压法

1. 概念

堆载预压法是堆载预压排水固结法的简称。该方法通过在场地填土加载预压，使土体中的孔隙水沿排水板排出，地基土压密、沉降、固结，从而提高地基强度，减少路堤建成后的沉降量。预压荷载超过设计道路工程荷载称为超载预压；预压荷载等于设计道路工程荷载称为等载预压。

2. 特点及适用范围

堆载预压法对各类软弱地基均有效；使用材料、机具简单，施工操作方便。但堆载预压需要一定的时间，适合工期要求不紧的项目。对于深厚的饱和软土，排水固结所需要的时间很长，同时需要大量的堆载材料，在使用上会受限。

3. 堆载预压法施工要求

（1）堆载预压不得使用淤泥土或含垃圾杂物的填料，填筑过程应按设计要求或采取有效措施，防止预压土污染填筑好的路基。

（2）堆载预压土应边堆土边推平，顶面应平整。

（3）堆载预压施工时应保护好沉降观测设施。填筑过程中应同步进行地基沉降与侧向位移观测。

（4）堆载预压土的填筑速率应符合设计要求，保证路堤安全、稳定。

（5）堆载预压的加压量和加压时间应满足设计要求。

（6）堆载预压卸载时间应根据观测资料和工后沉降推算结果，由建设单位组织。评估单位进行沉降评估，满足设计要求后方能卸载。

（九）真空预压法

1. 概念、特点及适用范围

真空预压法是在需要加固的软土地基表面先铺设砂垫层，然后埋设垂直排水管道，再用不透气的封闭膜使其与大气隔绝，薄膜四周埋入土中。利用真空装置进行抽气，使膜内外形成气压差，密封的软弱地基产生真空负压力，土颗粒间的自由水，空气沿着排水管上升到软基上部砂垫层内，再经砂垫层过滤排到软基密封膜以外，从而使土体固结，增加地基的有效应力。

真空预压在固结结束时，地基的真空压力就全部转化为有效应力。由于真空预压荷载是等向的，地基中不产生剪应力，故地基不存在破坏的问题，所以真空荷载可一次施加，而不必像堆载那样分级。因此，真空预压法可大大地缩短预压时间。真空预压法与排水板堆载预压法相比，其主要优点是加荷时间短、工艺简单、造价低，地基不存在失稳问题。该法适用于含水量高、孔隙比大、强度低、渗透系数和固结系数小的黏土，通常在设计荷载不超过 80kPa 的地基上采用是较适宜的。

2.真空预压法施工要求

（1）垫层材料宜采用中、粗砂，泥土杂质含量小于 5%，严禁砂中混有尖石等尖利硬物。

（2）每个加固区用 2~3 层密封膜，具体层数可根据密封膜性能确定。密封膜厚度宜为 0.12~0.17 mm，密封膜每边长度应大于加固区相应边 3~4 m，薄膜加工后不得存在热穿、热合不紧等现象，不宜有交叉热合缝。

（3）滤管应不透砂、滤管距泥面、砂垫层顶面的距离均应大于 50mm，滤管周围必须用砂填实，严禁架空、漏填。

（4）密封沟与围堰处理。沿加固边界开挖密封沟，其深度应低于地下水位并切断透水层，内外坡应平滑。沟底宽度应大于 400 mm，密封膜与沟底黏土之间应进行密封处理。密封沟回填料应为不含杂质的纯黏土，不得损坏密封膜。筑堰位置应跨密封沟的外沟沿，堰体应密实、牢固。铺膜前，应把出膜弯管与滤管连接好，并培实砂子，同时处理好出口的连接。

（5）真空表测头应埋设于砂垫层中间，每块加固区不少于 2 个真空度测点，真空管出口须防止弯折或断裂。

（6）抽真空。抽真空持续时间应符合设计要求，设计无规定可持续 2~5 个月，覆盖厚度宜为 200~400 mm，膜下真空压力应持续稳定在 80 kPa 以上。应注意观察负压对其相邻结构物的影响。

（十）真空堆载联合预压法

真空堆载联合预压法是堆载预压和真空预压两种方法的结合。处治原理同真空预压法，但加载更大，预压时间可缩短一半。

1.真空堆载联合预压法施工要求

（1）路堤填筑宜在抽真空 30~40d 后开始进行，或按设计规定开始堆载。

（2）路堤填筑速率应符合设计规定。

（3）路堤填筑期间应保持抽真空。

（4）路堤填筑高度达到设计标高（考虑沉降）后，应继续抽真空，路堤沉降值（或地基固结度）达到设计要求后方可停止抽真空。

2.真空预压法、真空堆载联合预压法施工监测

（1）预压过程中，应进行孔隙水压力、真空压力、深层沉降量及水平位移等预压参数的监测。真、空压力每隔 4h 观测一次，表面沉降每 2d 测一次。

（2）当连续五昼夜实测地面沉降小于 0.5 mm/d，地基固结度已达到设计要求的 80% 时，经验收，即可终止抽真空。

（3）停泵卸荷后 24h，应测量地表回弹值。

（十一）袋装砂井法

袋装砂井法是用透水型土工织物长袋装砂砾石，一般通过导管式振动打设机械将砂袋设置在软土地基中形成排水砂柱，以加速软土排水固结的地基处理方法。砂袋可采用聚酯等长链聚合物编织，以专用缝纫机缝制或工厂定制，目前国内普遍采用的是聚丙烯编织，该材料抗老化性能差。施工机械一般为导管式的振动打设机械，只是在进行方式上有差异。我国一般采用的打设机械有轨道门架式、股带臂架式、步履臂架式。吊机导架势。该法用于淤泥固结排水、堆荷预压，使沉降均匀。

袋装砂井法施工要点：

1. 砂袋露天堆放时，不得长时间曝晒。

2. 砂袋应垂直下井，不得扭结、缩颈、断裂、磨损。

3. 拔钢套管时若将砂袋带出或损坏，应在原孔位边缘重打；连续两次将砂袋带出时，应停止施工，查明原因并处理后方可施工。

4. 砂袋在孔口外的长度，应能顺直伸入砂垫层至少 300 mm。

（十二）砂桩法（挤密砂桩或砂桩挤密法）

1. 概念

砂桩（砂井）指的是为加速软弱地基排水固结，增加软基稳定性，在地基中经振动、冲击或水冲等方式成孔后，注入中、粗砂而建成的排水桩体。将砂放入织袋放进孔内形成的井，称袋装砂井。

2. 适用范围

砂桩法适用于松散砂土、粉土、黏性土、素填土、杂填土等地基；对饱和黏土地基，对变形控制要求不严的工程也可采用砂桩置换处理；砂桩还可用于处理可液化的地基。在用于饱和黏土的处理时，最好是通过现场试验后再确定是否采用。

3. 成孔分类

根据成孔方式的不同，目前工程中砂桩成孔方式分为套管成孔法、水冲成孔法和螺旋钻成孔法等。

（1）套管成孔法：将带有活解管尖或套有混凝土端靴的套管沉到预定深度，然后在管内灌砂后拔出套管，形成砂桩。根据沉管工艺不同，又分为静压沉管法和振动沉管法。

（2）水冲成孔法：通过专用喷头，在水压力作用下冲孔，成孔后清孔，再向孔内灌砂成孔。此法适用于土质较好且均匀的砂性土。

（3）螺旋钻成孔法：以动力螺旋钻钻孔；提钻后灌砂成桩。此法适用于陆地上的工程，砂桩长度小于 10m，且土质较好，不会出现缩颈、塌孔现象的软弱地基；不宜用在很软弱的地基。

4.施工要求

（1）材料要求：采用中、粗砂，大于 0.6 mm 的颗粒含量宜占总重的 50% 以上，含泥量应小于 3%，也可使用砂砾混合料，含泥量应小于 5%。

（2）采用单管冲击法、一次打桩管成桩法或复打成桩法施工时，应使用饱和砂；采用双管冲击法、重复压拔法施工时，可使用含水量为 7%~9% 的砂；饱和土中施工可用天然湿砂。

（3）地面下 1~2m 土层应超量投砂，通过压挤提高表层砂的密实程度。

（4）成桩过程应连续。

（5）实际灌砂量未达到设计用量时，应进行处理。

（十三）碎石桩

碎石桩是散体桩（由无黏结强度材料制成的桩）的一种，按其制桩工艺可分为振冲（湿法）碎石桩和干法碎石桩两大类。采用振动加水冲的制桩工艺制成的碎石桩称为振冲碎石桩或湿法碎石桩。采用各种无水冲工艺（如干振、报挤、锤击等）制成的碎石桩统称为干法碎石桩。

碎石桩施工要求：

1.材料要求：未风化碎石或砾石，粒径宜为 19~63 mm，含泥量应小于 10%。

2.施工前应按规定做成桩试验。

3.根据试桩成果，严格控制水压，电流和振冲器在固定深度位置的留振时间。

4.碎石桩密实度抽查频率为 2%，用重Ⅱ型动力触探测试，贯入量为 100mm 时，击数应大于 5 次。

（十四）加固土桩

加固土桩（粉喷桩）主要是以水泥、石灰、粉煤灰等材料做固化剂的主剂，利用深层搅拌机械在原位软土中进行强制搅拌，经过物理化学作用生成一种特殊的具有较高强度、较好变形特性和水稳性的混合桩体。它对提高软土地基承载能力，减少地基的沉降量有明显效果。此方法适用于加固饱和软黏土地基如淤泥、淤泥质土、粉土和含水量较高的黏性土。

1.材料要求

（1）生石灰粒径应小于 2.36mm，无杂质，氧化镁和氧化钙总量应不小于 85%，其中氧化钙含量应不小于 80%。

（2）粉煤灰中二氧化硅和三氧化二铝含量应大于 70%，烧失量应小于 10%。

（3）水泥宜用普通水泥或矿渣水泥。

2.加固土桩施工前的准备工作

（1）施工前必须进行成桩试验，桩数不宜少于 5 根。

（2）应取得满足设计喷入量的各种技术参数，如钻进速度、提升速度、搅拌速度、喷气压力、单位时间喷入量等。

（3）应确定能保证胶结料与加固软土拌和均匀性的工艺。

（4）掌握下钻和提升的阻力情况，选择合理的技术措施。

（5）应根据固化剂喷入的形态（浆液或粉体），采用不同的施工机械组合。

3. 固化剂相关规定

（1）采用浆液固化剂时，制备好的浆液不得离析，不得停置过长。超过 2h 的浆液应降低等级使用。浆液拌和均匀，不得有结块，供浆应连续。

（2）采用粉体固化剂时，严格控制喷粉标高和停粉标高，不得中断喷粉，确保桩体长度；严格控制粉喷时间、停粉时间和喷入量。应采取措施防止桩体上下喷粉不匀、下部剂量不足、上下部强度差异大等问题，应按设计要求的深度复搅。当钻头提升到地面以下小于 500 mm 时，送灰器停止送灰，用同剂量的混合土回填。若喷粉量不足，应整桩复打，复打的喷粉量不小于设计用量。因故喷粉中断时，必须复打，复打重叠长度应大于 1 m，施工设备必须配有自动记录的计量系统。钻头直径的磨损量不得大于 10 mm。

（十五）水泥粉煤灰碎石桩

水泥粉煤灰碎石桩（简称 CFG 桩）是在碎石桩的基础上发展起来的，以一定配合比率的石屑、粉煤灰和少量的水泥加水拌和后制成的一种具有一定胶结强度的桩体。由于桩体中加入了水泥和粉煤灰，形成了高黏结强度的桩，从而改善了碎石桩的刚性，不仅能很好地发挥全桩的侧摩阻作用，同时，也能很好地发挥其端阻作用。CFG 桩和桩间土、垫层一起形成复合地基。

水泥粉煤灰碎石桩施工要求：

1. 材料要求

（1）骨料：应根据施工方法，选择合理的骨料级配和最大粒径。粗骨料一般采用碎石或卵石。泵送混合料时，卵石最大粒径宜为 26.5 mm，碎石最大粒径宜为 19 mm，采用振动沉管时，骨料最大粒径不宜超过 63mm，为使级配良好，宜掺入石屑或砂填充碎石的空隙。

（2）水泥：宜选用普通硅酸盐水泥，一般采用 32.5 级。

（3）粉煤灰：宜选用袋装、四级粉煤灰。

2. 施工前应进行成桩试验，试桩数量宜为 5~7 根。成桩试验应确定符合设计要求的施工工艺和施工速度，确定合理的投料数量，确定桩的质量标准。

3. 桩体施工应选择合理的施打顺序，避免对已成桩造成损害。CFG 桩施工一般采用振动沉管机械施工，因此，其施打顺序对成柱质量影响较大，根据经验，一般采用隔桩跳打，此时很少发生打桩径被挤小或缩径现象。

4. 成桩过程中，应对已打桩的桩顶进行位移监测。一般桩顶位移超过 10mm 时，需要对桩体进行开挖查验。

5. 为保证桩体质量，混合料应拌和均匀，且投料要充分。混合料坍落度一般宜为 100 mm 左右。

（十六）沉管灌注桩

1. Y 形沉管灌注桩施工

Y 形沉管灌注桩是一种派生于传统沉管灌注桩（圆形）的异形沉管灌注桩。根据"同等截面，多边形边长之和大于圆形周长"的原理，桩侧表面积增加，摩阻力相应增加，即等长等体积的 Y 形沉管灌注桩比传统的四形沉管灌注桩的侧面积大、单桩承载力高。

（1）粗集料宜优先选用卵石，采用碎石，宜适当增加含砂率，骨料最大粒径不宜大于 63 mm，混凝土坍落度宜为 80~100 mm，在运输和灌注过程中无离析、泌水现象。

（2）桩尖、桩帽混凝土强度不宜低于 C30。

（3）邻近有建筑物（构造物）时，应采取有效的隔振措施。

（4）群桩施工，应合理设计打桩顺序、控制打桩速度，防止影响邻桩成桩质量。

（5）沉管前，宜在桩管内先灌入高 1.5m 左右的封底混凝土，方可开始沉管。

（6）灌注混凝土的充盈系数不得小于 1。

（7）拔管速度应保持为 1.0~1.2 m/min，桩管埋入混凝土深度应大于 1 m。

2. 薄壁筒形沉管灌注桩施工

薄壁筒形沉管灌注桩是一种派生于传统的圆形沉管灌注桩的沉管灌注桩，利用一个内、外双管及桩靴结构，配备中、高频振动锤，形成密封管状系统沉孔，并灌注混凝土，形成大口径薄壁筒桩。

（1）混凝土粗集料宜优先选用卵石，卵石最大粒径为 63 mm；采用碎石，宜适当增加含砂率，碎石最大粒径为 37.5 mm，混凝土坍落度宜为 80~150 mm，在运输和灌注过程中无离析、泌水现象。

（2）桩尖、桩帽混凝土强度不宜低于 C30。桩尖表面应平整、密实，桩尖内外面圆度偏差不得大于 1%，桩尖端头支承面应平整。

（3）邻近有建筑物时，应采取有效的隔振措施。

（4）在软土地基上打群桩时，应合理设计打桩顺序，控制打桩速度。

（5）桩基定位点及施工区附近所设的水准点应设置在不受桩基施工影响处。

（6）沉管规定：成孔器安装时，应控制底部套筒环形空隙（成桩壁厚）的均匀性，环隐偏差小于 5 mm 后方可固定上端法兰或缩压夹持器。沉孔之前，必须使桩尖与成孔器内、外钢管的空腔密封，确保在全部沉孔过程中水不会渗入空腔内。浇注混凝土前，应检测孔底有无渗水和淤泥。

（7）浇注混凝土规定：桩管内混凝土灌满后，先振动 5~10 s，再边振动边拔管，控制拔管速度均匀，保持管内混凝土高度不少于 2 m。穿越特别软弱土层时，拔管速度宜控制在 1.0~1.2 m/min，注入 2 m 高度混凝土后，提升振动一次，不宜连续振动而不提升。在沉孔及提升成孔器时，必须控制成孔器的垂直度。浇注后的桩顶标高应大于设计标高 500mm。

四、潮湿地段路基施工

（一）潮湿地段路基填料要求

用湿黏土、红黏土作为填料直接填筑时，应符合以下要求：

1. 液限在 40%~70% 之间，塑性指数在 18~26 之间。

2. 不得作为二级及二级以上公路路床、零填及挖方路基 0~0.80 m 范围内的填料；不得作为三、四级公路上路床、零填及挖方路基 0~0.30 m 范围内的填料。

3. 采用湿土法制作试件，试件的 CBR 值应满足现行《公路路基施工技术规范》相关规定。

4. 强膨胀土不得作为路堤填料。中等膨胀土经处理后可作为填料，用于二级及二级以上公路路堤填料时，改性处理后胀缩总率应不大于 0.7%。胀缩总率不超过 0.7% 的弱膨胀土可直接填筑。

（二）湿黏土路基施工

湿黏土路堤填筑时，每层宜设 2%~3% 的横坡。当天的填土宜当天完成压实。填筑层压实后，应采取措施防止路基工作面曝晒失水。

1. 水稻田地段路基施工

水稻田地段路基施工，不得影响农田排湿。施工前应采取措施排除公路用地范围内的地表水。疏干地表水确有困难时，应按设计要求进行处治。二级及二级以上公路路重段，应在边坡顶适当距离外筑埂并挖截水沟；土质、风化岩石边坡，应浆砌护墙或护坡；路堑路段宜加大边沟尺寸并采用浆砌。

2. 河、塘、湖地段路堤施工

受水浸润作用的路堤部分，宜用水稳性好、塑性指数不大于 6、压缩性小、不易风化的透水性填料填筑。在洪水淹没地段的路堤两侧不得取土；对于三、四级公路，特殊情况下，可在下游侧距路堤安全距离外取土。两侧水位差较大的河滩路堤，根据具体情况，宜放缓下游一侧边坡，设滤水趾和反滤层，在基底设隔渗墙或隔渗层。防洪工程应在洪水期前完成，施工期间应注意防洪。

3. 多雨潮湿地区路基施工

多雨潮湿地区施工，应注意排水。机具停放地、库房、生活区域应选在地势较高不易被水淹的地点，并有完善的排水防洪设施。多雨潮湿地区，应按设计要求对基底过湿土层进行处理。

（三）红黏土地区路基施工

1.路堤施工

应尽量避免雨季施工。雨季施工时，应防止松土被用淋湿。施工中应保持作业面横坡不小于3%。雨后作业面，应经晾干且重新压实合格后方可进行下道工序的施工。路堤填筑应连续填料，应随挖随用。摊铺后必须及时碾压，做到当天摊铺当天完成碾压。碾压完成后，应采取措施防止路堤作业面曝晒失水。

2.提高红黏土路堤压实度的措施

（1）掺加砂砾法：掺加砂砾能改善高液限土（红黏土）的液限、塑性指数以及CBR值，当粗粒料含量大于35%~40%时，一般能达到标准土质的填筑要求。随着砂砾含量的增加，对裂缝的抑制作用越来越明显，抗裂性能得到相应提高。

（2）化学外加剂法：掺入石灰、水泥等外加剂可有效降低含水量，提高强度，同时又可降低塑性指数，提高水稳性。

（3）包边法：将不能直接填筑的红黏土进行隔水封闭。外包材料为水稳性较好的低液限土。但是对于碾压稠度偏低(小于1.15)导致难以压实的红黏土应避免采用此法。该法建议使用于下路堤填筑。

3.包边法施工

包边材料应为透水性较小的低液限黏土、石灰土等，CBR值应符合现行《公路路基施工技术规范》相关规定。严禁用粉土、砂土等低塑性土包边。分层填筑时，先摊铺包边土，后摊铺红黏土。碾压前，应控制两种填料的各自含水量，使两种填料在同一压实工艺下能达到压实标准。包边土的压实度应符合土质路基压实度规定。碾压应从两边往中间进行，对不同填料的结合处要增加碾压遍数1~2遍。超高弯道的碾压应自低处向高处进行。

四、膨胀土地区路基施工

1.膨胀土地区路基施工，应避开雨季作业，加强现场排水，基底和已填筑的路基不得被水浸泡。

2.膨胀土地区路基应分段施工，各道工序应紧密衔接，连续完成。路基边坡按设计要求修整，并应及时进行防护施工。

3.膨胀土作为填料时应符合以下规定：

（1）强膨胀土不得作为路堤填料；

（2）中等膨胀土经处理后可作为填料，用于二级及二级以上公路路堤填料时，改性处理后胀缩总率应不大于 0.7%；

（3）胀缩总率不超过 0.7% 的弱膨胀土可直接填筑。

4. 二级及二级以上公路路堤基底处理应符合以下规定：

（1）高度不足 1m 的路堤，应按设计要求采取换填或改性处理等措施处治。

（2）表层为过湿土，应按设计要求采取换填或进行固化处理等措施处治。

（3）填土高度小于路面和路床的总厚度，基底为膨胀土时，宜挖除地表 0.30~0.60m 的膨胀土，并将路床换填为非膨胀土或掺灰处理。若为强膨胀土，挖除深度应达到大气影响深度。

5. 膨胀土地区路堑施工应符合下列规定：

（1）路堑施工前，先施工截、排水设施，将水引至路幅以外。

（2）边坡施工过程中，必要时，宜采取临时防水封闭措施保持土体原状含水量。边坡不得一次挖到设计线，应预留厚度 300~500 mm，待路堑完成时，再分段削去边坡预留部分，并立即进行加固和封闭处理。

（3）路床底标高以下应按照设计要求进行处理。

（4）宜用支挡结构对强膨胀土边坡进行防护。支挡结构基坑应采取措施防止暴晒或浸水，基础埋深应在大气风化作用影响深度以下。

6. 膨胀土路基填筑松铺厚度不得大于 300 mm；土块粒径应小于 37.5 mm。

7. 填筑膨胀土路堤时，应及时对路堤边坡及顶面进行防护。

8. 路基完成后，当年不能铺筑路面时，应按设计要求做封层，其厚度应不小于 200 mm，横坡坡度不小于 2%。

9. 膨胀土路基的压实度应符合规定。

五、黄土地区路基施工

1. 黄土地区路基施工，应做好施工期排水，将水迅速引离路基。在填挖交界处引出边沟时，应做好出水口的加固，排水设施接缝处应坚固不渗漏。

2. 路基基底处理应符合以下规定：

（1）若基底为非湿陷性黄土，且无地下水，按规定进行基底处理。

（2）若地基为一般湿陷性黄土，应采取措施拦截、排除地表水。地下排水构造物与地面排水沟渠必须采取防渗措施，路侧严禁积水。

（3）若地基黄土具有强湿陷性或较高的压缩性，应按设计要求进行处理。

3. 黄土填筑路堤应符合下列规定：

（1）路床填料不得使用老黄土。路堤填料不得含有粒径大于 100 mm 的块料。

（2）在填筑横跨沟堑的路基土方时，应做好纵横向界面的处理。

（3）黄土路堤边坡应拍实，并应及时防护，防止路表水冲刷。

（4）浸水路堤不得用黄土填筑。

4.黄土路堑施工应符合以下规定：

（1）路堑路床土质应符合设计要求，密实度不足时，应采取措施碾压至要求的压实度。

（2）路堑施工前，应做好堑顶地表排水导流工程。路堑施工期间，开挖作业面应保持干燥。

（3）路堑施工中，如边坡地质与设计不符，可提出修改边坡坡度。

5.黄土陷穴处理可采取以下措施：

（1）路基范围内的陷穴，应在其发源地点对陷穴进口进行封填，并截排周围地表水。

（2）现有的陷穴、暗穴，可采用灌砂、灌浆、开挖回填、导洞和竖井等措施进行填充。

（3）陷穴表面的防渗处理层厚度不宜小于300mm，并将流向陷穴的附近地面水引离。

（4）挖方边坡顶以外50 m范围内、路堤坡脚以外20 m范围内的黄土陷穴宜进行处理。挖方边坡顶以外的陷穴，若倾向路基，应做适当处理。对串珠状陷穴应彻底进行处治。

七、盐渍土地区路基施工

（一）路堤填料

盐渍土作为路堤填料，首先与所含易溶盐的性质和数量有关，其次与所在自然区域的气候、水文和水文地质条件有关，此外也与土质道路技术等级和路面结构类型有关。路堤填料应符合以下要求：

1.路堤填料适用性应符合现行《公路路基施工技术规范》的相关规定。

2.对填料的含盐量及其均匀性应加强施工控制检测，路床以下每1 000 m³ 填料，路床部分每500 m³ 填料应至少做一组测试，每组3个土样，填方不足上列数量时，亦应做一组试件。含盐量大的土层一般分布在地表数百毫米的范围内。实际检测时，若发现上、下层含盐量不一样，但总的平均含量未超过规定允许值，可以通过将上、下两层盐土打碎拌和来保证填料含盐量的均匀性。

3.用石膏土做填料时，应先破坏其蜂窝状结构。根据以往公路、铁路多年实践经验，石膏土或石膏粉均可作为路堤填料。蜂窝状和纤维状石膏土，由于其疏松多孔，用作填料时，应破碎其蜂窝状结构，以保证达到要求的压实度。

（二）基底（包括护坡道）处治

含水量超过液限的原地基土，应按设计要求将基底以下1 m全部换填为透水性材料；含水量介于液限和塑限之间时，应按设计要求换填100~300 mm 厚的透水性材料；

含水量在塑限以下时，可直接填筑黏性土。地下水位以下的软弱土体应按设计要求采用透水性好的粗粒土换填，高度宜高出地下水位 300mm 以上。在内陆盆地干旱地区，路面为沥青混凝土、水泥混凝土或沥青表面处治时，应按设计要求在路堤下部设置封闭性隔断层。地表为过盐渍土的细粒土、有盐结皮和松散土层时，应将其铲除，铲除的深度通过试验确定。地表过盐渍土层厚时，若仅铲除一部分，则应设置封闭隔断层，隔断层宜设置在路床顶以下 800 mm 处；若存在盐胀现象，隔断层应设在产生盐胀的深度以下。

（三）盐渍土路堤施工

盐渍土路堤应分层填筑、分层压实，每层松铺厚度不宜大于 200 mm，砂类土松铺厚度不宜大于 300 mm，碾压时应严格控制含水量，碾压含水量不宜大于最佳含水量 1 个百分点，雨天不得施工。盐渍土路堤的施工，应从基底处理开始，连续施工。在设置隔断层的地段，宜一次做到隔断层的顶部。地下水位高的黏性盐渍土地区，宜在夏季施工；砂性盐渍土地区，宜在春季和夏初施工；强盐渍土地区，宜在表层含盐量较低的春季施工。

（四）盐渍土路堤施工排水

施工中应及时、合理设置排水设施，路基及其附近不得积水。取土坑底面应高出地下水位至少 150 mm，底面向路堤外侧应有 2%~3% 排水横坡。在排水困难地段或取土坑有可能被水淹没时，应在取土坑外采取适当处治措施。在地下水位较高地段，应加深两侧边沟或排水沟，以降低路基下的地下水位。盐渍土地区的地下排水管与地面排水沟渠必须采取防渗措施。盐渍土地区不宜采用渗沟。

八、冻土地区路基施工

（一）何为冻土以及冻土对路基的危害

冻土，顾名思义即含有冰晶的土壤或岩石，温度常为负温。受季节条件的影响，冻土又可分为：冬季冻土表层冻结，夏季气温回升冻土表层融化的冻土为季节性冻土；我国高纬度和海拔较高地区，常年气温处于零下，自然该区域的土壤呈现多年（永久）性冻土。

冻土对路基的危害：无论是季节性冻土还是多年冻土，其对路基的危害大致分为冻胀和融沉两类。冻土冻胀指土壤中所含的自由水和结合水凝结成冰所导致体积膨胀，对路基产生膨胀性破坏。

冻土膨胀程度受土壤条件、含水率、冰层厚度、温度等条件影响，其中土壤含水率和温度是主要影响因素。

冻土融沉全称为冻土融化沉降，冻土融沉的诱发因素以自然诱发因素和人为因素为主。冻土受外界条件的影响，导致土壤的冰层融化，在土层表面的荷载作用和土体自重的影响下，路基发生沉降，甚至塌陷。

冻土冰害是指路堑开挖后其边坡中的冰层融化或者地下水从中流出，在寒冬低温季节形成随流随冻，边坡挂冰、路堑内积水淹没路基等危害路基的现象。

上诉现象是常见冻土地区路基工程建设中存在的严重危害，在路基工程建设中任何危害不仅难以保证路基工程高效、高质量的建设，而且可能诱发严重安全事故，故在冻土地区路基工程建设中杜绝冻土所带来的危害，是工程建设的首要问题。

（二）季节性冻土

1. 冻胀路基施工，应根据设计要求和现场调查、核对情况，合理选择施工方法，采取合理有效的抗冻措施。

2. 冻胀路基施工过程中，应经常检查冻害状况，发现冻胀、软弹、变形、纵向横向裂缝及翻浆等病害时应及时处理。

3. 路基填挖交界过渡段基底，根据填、挖段不同的冻胀量进行处理，使挖方终点的冻胀量和填方段的冻胀量基本一致。

4. 路基填料应符合下列规定：

（1）路床填料宜优先选择矿渣、炉渣、粉煤灰、砂、沙砾石及碎石等抗冻稳定性较好的材料。

（2）路床或上路堤采用粉土、黏土填筑时，可按设计要求使用石灰、水泥、土壤固化剂等单独或混合进行稳定处理，填料的改善或处理应根据路基抗冻胀性能要求，结合填料性质经试验确定。

（3）冻土、非透水性过湿土不得直接填筑下路堤。

5. 石质挖方、零填路段不宜超挖。超挖或清除软层后的凹凸面，严禁用挖方料和未经稳定处理的混合料回填，岩面凸出部分应凿除，超挖的坑槽及岩石凹面可用贫水泥混凝土浇筑，混凝土最小厚度应大于 80 mm。

6. 非全冻路堤在冻深范围内的填筑应符合下列规定：

（1）冻深范围内的填土严禁混杂，冻胀性质不同的土，应分层填筑；同一类土的填筑，总厚度不宜小于 600mm；抗冻性强的土应填在高层位。

（2）同一层土的含水量应基本一致，允许偏差为 2%。

（3）施工期间每层土顶面应设置不小于 2.5% 的排水横坡。

7. 全冻路堤施工前，应在路堤两侧先完成排水沟或边沟，应结合永久排水设计完成渗沟、渗井等地下排水设施。

（三）多年冻土地区

1.施工前应核查沿线冻土情况、地面水、地下水以及有无其他的热融湖（塘）、冰丘、冰锥等不良地质情况，结合设计要求制订施工方案。

2.施工必须严格遵循保护冻土的原则，使路基施工后仍处于热学稳定状态。

3.填方路基

（1）施工过程中，应采取措施保持路基及周围冻土处于冻结状态。

（2）根据设计要求和实际情况对基底应采取换填、设置毛细水隔断层等措施。

（3）取土应符合以下规定：

宜设置集中取土场，取土位置宜在路堤坡脚 500m 以外；斜坡地表上的路堤，取土坑应设在上坡一侧；取土坑深度不得超过当地多年冻土上限以上土层厚度的 80%，坑底应设纵横坡和排水口；取土坑的外露面，应进行处理。

（4）填料

宜选用保温、隔水性能均较好的填料，严禁使用塑性指数大于 12、液限大于 32% 的细粒土和富含腐殖质的土及冻土。高含冰的土不宜用于路基填料。

采用黏性土或透水性不良土填筑路堤时，应控制土的含水量，碾压时含水量控制在最佳含水量 ±2% 范围内。

通过热融湖（塘）的路堤，水下部分必须用透水性良好的填料填筑，填筑高度应高于最高水位 0.5 m 以上。

（5）靠近基底部位有薄冰冻土层且有可能融化时，宜设保温护道和护脚。

（6）应根据设计要求采用土工格栅等技术措施，增加路基整体性和强度。

4.挖方路基

（1）地下水发育地段，路基边沟应有防渗措施。挡水堰等构造物施工应按设计要求采取加固措施。

（2）加固土质边坡的铺砌厚度应满足设计和保温要求。

（3）饱冰冻土、含土冰层地段堑，可根据设计要求换填足够厚度的水稳性好的填料。施工应速度快，保温措施有效。

5.路基处于其他不良地质地段时，应符合下列规定：

（1）冰锥、冰丘地段路基施工，应按设计要求做好排水；

（2）松软基底两侧宜设反压护道；

（3）沼泽冻土地段路堤下部应按设计做好隔离层或隔温层，并保护好两侧地表植被；

（4）冻胀丘较重地段，应在上游主流处按设计要求做好地下渗沟，将水引到一定距离外的地面积冰场。

相对于普通地区路基施工，冻土路基施工有着更为烦琐、更为严苛的施工程序，对设计和施工等单位提出了更高的要求，只有在充分掌握冻土地区地形特征、土壤体质水文条件及当地季节气候变化等数据资料，科学有效地采取措施避免冻土所带给路基工程的危害，从而保证公路能够高效、高质量的建设。在冻土地区公路建设中，处理好路基与冻土之间的关系是保证公路质量和使用年限的根本要素，更是交通通畅和行车安全的前提。

九、沿河、沿溪地区路基施工

1. 沿河沿溪地区路基施工应根据设计要求和现场情况，合理选择施工方法。

2. 路基弃方应妥善处理，严禁向河中倾弃。

3. 受水位涨落影响及常水位以下路堤，宜用水稳性好、不易风化的透水性材料填筑，粒径不宜大于 300 mm。

4. 沿河、沿溪地区的高填方、半挖半填、拓宽路段的新老交界面应按设计要求采取措施保证路基稳定，峡谷地段宜采用石质填料。

十、水库地区路基施工

1. 库区路基施工，应采取措施减少对水库水体及周围环境的污染。

2. 库区路基施工应根据设计线位与库岸的位置关系，合理选择施工方法。

3. 沿水库边缘修筑的路基，或路基离岸 10 m 以内时，应按设计要求预先对库岸进行防护。

4. 路堤填料宜选择透水性较好的材料。

5. 边坡防护材料应采用强度较高，不易风化的硬质石料。在冰冻地区的护坡采用片石防护时，应选择抗冻性好的石料。在水库上游地段，护坡基础埋深应符合设计要求。

十一、库区浸水路堤施工

1. 填料应采用不易风化的硬质石料。

2. 路堤外侧边坡的码砌厚度应满足设计要求，码砌石块粒径宜大于 300 mm，错缝台阶式砌筑，块体紧贴边坡、块体接触面向内倾斜，路堤边坡符合设计要求。

3. 路基较高且浸水较深的路段，可在靠水库库心一侧的迎水坡面护脚上设置片石石垛，石块尺寸应不小于码砌厚度。

十二、粉质土地区路基施工

（一）粉土的定义、成因和分类

按照《岩土工程勘察规范》（GBJ21-92）规定：凡粒径大于 0.075mm 的颗粒含量等于或不超过全重的 50% 且塑性指数小于或等于 10 的土为粉土。粉土按其黏粒（粒径小于 0.005mm 的颗粒）含量可分为：黏粒含量小于或等于全重的 10% 的砂质粉土和黏粒含量超过全重的 10% 的黏质粉土。

粉土按形成原因可以分为水成粉土、风成粉土、残积粉土。

1. 水成粉土

土粒在水力作用下，经搬运、沉积而形成。根据其搬运距离、沉积环境、沉积位置不同，可以分为山区粉土、平原粉土。

（1）山区粉土：在水力作用下，土粒搬运距离短，一般分布于丘岗、坡麓、冲洪积扇缘、阶地上。这类土一般含僵石结核和一定数量的粗粒组，埋藏较浅，一般位于地下水位以上，属欠固结状态。工程性质与风成黄土相近。

（2）平原粉土：在水力作用下，土体经长途携带、沉积的粉土，广泛分布于冲洪积平原、河流三角洲、沿海平原，是工程建设经常遇到的土层。

2. 风成粉土

由于风力的携带、沉积作用而形成，其含有较大的孔隙，习惯上称之为黄土。由于残坡积作用和重力堆积作用，广泛分布于丘岗、坡麓、河流阶地上的土，也具大孔结构和湿陷性，其物理性质、工程性质与黄土相似，称为次生黄土。黄土、次生黄土中粉粒占优，砂粒和黏粒含量较少，多表现为粉土、粉质黏土、含砂粉质黏土。

3. 残积粉土

在由第四纪松散河流堆积物而形成的粉土地区，由于风或水的作用，将表层粉土搬运移走后，剩余的原底部粉土，称为残积粉土。该类粉土比较少见。

（二）粉土路基存在的主要病害

采用粉土修筑路基主要存在以下病害：路基边坡坡面的剥落、冲蚀、滑塌、崩塌和整体失稳等（水毁的普遍现象）；填方路基不均匀沉陷和过量沉降；路堑段路基软化和翻浆；浸水地基承载力不足；半刚性基层的裂缝。

（三）粉土路基病害产生的原因分析

1. 粉土路基边坡

由于粉土的物质组成主要是原生矿物砂、粉粒，含有较少的次生黏土矿物，蒙脱石含量较高，因此可塑性较弱、黏结性较低、分散性高，从而导致路基边坡易被水冲刷，普通的路基边坡防护难以满足要求，易产生路基边坡坡面损毁病害。

2. 粉土路基压实

粉土路基难以压实。粉土塑性指数较低，粉性颗粒含量较高，属于级配不良的填筑材料。级配不良的土在成型时难以达到理想的压实状态，是由于砂粒和粉粒之间的空隙没有更多的细小黏粒来填充，形成了所谓"搭积木"式的构架，另外更重要的一点，作为粉粒，既不能像黏粒那样与各种稳定剂有效地发生作用，也不能像砂粒那样可在土中起到像混凝土中石料的骨架作用，所以粉土中粉粒含量偏高、级配不合理的特点导致了粉土在施工中压实比较困难，难以达到规范规定的压实标准，同时还易出现表层重皮的现象，严重影响了路基的施工质量。

3. 粉土路基强度

粉土路基强度较低。由于粉土以粉性颗粒为主，黏性和砂性颗粒较少，级配不良，导致粉土路基强度较低，易产生沉降和承载力不足等路基病害。

（四）粉土地区路基施工措施

1. 开挖边沟

由于粉性土的毛细水上升高度较大，为防止路基边坡底部土体含水量过大，从而发生由下往上的坍塌失稳，在路基开始施工时，可结合边沟设计在两侧开挖一定深度的边沟，降低地下水及路基两侧地面水对路基的侵害。

2. 增加压实宽度

在实际施工中在原设计路基宽度基础上可适当增加其压实宽度，以预留冲刷宽度，维持和保护主体路基的稳定。

3. 控制路基表面平整度

路基表面平整，有利于水在路表均匀漫流，不至于形成局部溜槽。一定的路拱有利于路基范围内的降水及时排到路基外，不使积水渗入土基。

4. 设拦水埝、泄水槽

水流对路基表面的冲刷程度随流量、流速的变化而变化，当路表水沿边坡流下后将形成一定的流速，从而对边坡形成较严重的冲刷。雨季施工时，在路基边缘设置拦水埝，并每隔一定距离设置泄水槽，路基表面降水流至路基边缘后沿拦水埝汇集至泄水槽集中排出，避免了路基水对边坡的冲刷。

5. 掺灰处治

粉质土不是石灰土的理想土源，通过掺入 5%~8% 的石灰，改善土的板体性能，到了一定的龄期后其浸水后的稳定性也大大提高，防止雨水冲刷和土体坍塌的现象。

第四章 桥梁结构加固与技术改造

当前我国交通以及桥梁建设日趋完善，但是存在一个关键问题就是长时间以来人们对桥梁结构病害并没有给予高度重视。人们对于桥梁结构通常存在一个错误的看法就是桥梁是不需要养护的，实际上，桥梁施工完成之后，还需要采取一系列养护措施才能保证桥梁的质量符合施工规范。因为桥梁施工中使用的大部分材料，其使用效果和天气、温度等因素有很大关系，所以人们需要根据实际情况进行合理调整，才能发挥出它的性能。如果不注重养护的话，会使得桥梁的承载能力不断下降，从而影响桥梁的正常使用。本章从桥梁结构常见的病害入手进行深入分析，并介绍一些加固处理技术，从而提高桥梁的使用寿命。

第一节 桥梁结构加固与技术改造一般规定

一、桥梁的组成和分类

（一）桥梁的组成

桥梁组成部分的划分与桥梁结构体系有关。常见的梁式桥通常由以下几部分构成，上部结构、下部结构及支座构成。不同的桥梁有不同的结构形式，只是略有差异。

1.上部结构

上部结构指桥梁位于支座以上的部分。它包括桥跨结构和桥面构造两部分：前者指桥梁中直接承受桥上交通荷载的、架空的主体结构部分；后者则指为保证桥跨结构能正常使用而需要建造的桥上各种附属结构或设施。

桥跨结构的形式多样。对梁桥而言，其主体结构是梁；对拱桥而言，其主体结构是拱；对悬索桥而言，其主体结构是缆。

2.下部结构

下部结构指桥梁位于支座以下的部分，也叫支承结构。它包括桥墩（pier）、桥台（abutment）以及墩台的基础（foundation），是支撑上部结构、向下传递荷载的结构物。

桥梁墩台的布置是与桥跨结构相对应的。桥台设在桥跨结构的两端，桥墩则分设在两桥台之间。

桥台除起到支承和传力作用外，还起到与路堤衔接、防止路堤滑塌的作用。

为此，通常需在桥台周围设置锥体护坡。

墩台基础是承受由上至下的全部荷载（包括交通荷载和结构重力）并将其传递给地基的结构物。它通常埋入土层之中或建筑在基岩之上，时常需要在水中施工。

3. 支座

在桥跨结构与墩台之间，还需要设置支座，以连接桥跨结构与桥梁墩台，提供荷载传递途径。除此之外，根据具体情况，与桥梁配套建造的附属结构物可能有：挡土墙、护坡、导流堤、检查设备、台阶扶梯、导航装置等。

4. 附属设施

附属结构或构造是指公路桥的行车道铺装，铁路桥的道砟、枕木、钢轨，伸缩装置，排水防水系统，人行道，安全带（护栏），路缘石，栏杆，照明等。正桥与引桥：对规模较大的桥梁工程，通常包含正桥（bridge proper）与引桥（approach）两部分。

正桥指桥梁跨越主要障碍物（如通航河道）的结构部分。一般而言，它采用跨越能力较大的结构体系，需要深基础，是整个桥梁工程中的重点。引桥指连接正桥和路的桥梁区段，其跨度一般较小，基础一般较浅。在正桥和引桥的分界处，有时还会设置桥头建筑（桥头堡）。

跨度也叫跨径（span），表示桥梁的跨越能力。对多跨桥梁，最大跨度称为主跨（mainspan）。一般而言，跨度是表征桥梁技术水平的重要指标。

桥跨结构相邻两支座间的距离 LI，称为计算跨径。桥梁结构的分析计算以计算跨径为准。

对梁式桥，设计洪水位线上相邻两桥墩（或桥台）间的水平净距 L0，称为桥梁的净跨径。各孔净跨径之和，称为总跨径，它反映出桥位处泄洪能力的大小。

对公路梁桥，把两桥墩中线间距离或桥墩中线与台背前缘的间距，称为标准跨径 LK（也称为单孔跨径）。当跨径在 50m 以下时，通常采用标准跨径设计。

对铁路梁桥，则以计算跨径作为标准跨径。

采用标准跨径设计，有利于桥梁制造和施工的机械化，也有利于桥梁养护维修和战备需要。

桥长：对梁桥，两桥台侧墙或八字墙尾端之间的距离 LT，可称为桥梁全长。

它标志着桥梁工程的长度规模。两桥台台背前缘（对铁路桥，指桥台挡碴前墙）之间的距离 L，可称为多孔跨径总长（公路）或桥梁总长（铁路）。它仅作为划分特大桥、大桥、中桥、小桥的依据。

桥下净空高度：设计洪水位或设计通航水位对桥跨结构最下缘的高差 H，称为桥下净空（clearopening）高度。桥下净空高度应大于通航及排洪要求规定。

桥梁建筑高度与容许建筑高度：桥面（或铁路桥梁的轨底）至桥跨结构最下缘的垂直高度 h，称为桥梁建筑高度。公路或铁路桥梁线路设计中所确定的桥面（或轨底）高程与通航及排洪要求所规定的净空高度之差，为容许建筑高度。显然，桥梁建筑高度不得大于容许建筑高度。

（二）桥梁的分类

如果说一座现代化高层建筑具有高耸挺拔的雄姿，则一座大跨度桥梁具有凌空宏伟的魅力。桥梁即是一种功能性的结构物，也往往是一座立体的造型艺术工程，是一处景观，具有时代的特征。大力发展交通运输事业，建立四通八达的现代交通网络，对发展国民经济、促进文化交流、消灭城乡差别和巩固国防等方面，都具有非常重要的作用。特别我国实行改革开放政策以来，路桥建设突飞猛进的发展，对创造良好的投资环境，促进地域性的经济腾飞，起到了关键作用。桥梁工程不但在工程规模上占公路总造价的 10%~20%，而且往往也是交通运输的咽喉，是保证全线早日通车的关键。桥梁是人类在生活和生产劳动中，为克服天然障碍而建造的建筑物，也是有史以来人类所建造的最古老、最壮观和最美丽的建筑工程，它体现了一个时代的文明与进步。下面就针对桥梁的分类展开论述。

1. 按桥梁使用的目的划分

（1）通行铁路荷载的为铁路桥（由于列车行车速度高，且有更高的行车安全及舒适度的要求，近年来又延伸出高速铁路桥梁）。如青藏铁路拉萨河大桥、宜万铁路万州长江大桥、宣杭铁路东茗溪大桥、京沪高速铁路南京大胜关长江大桥。

（2）通行公路荷载的为公路桥。如千岛湖大桥、澳门西湾桥。

（3）修建于城市供汽车与行人通行的为城市桥。如城市立交桥、重庆菜坝长江大桥及附属立交桥。

（3）通行铁路又通行公路的为公铁两用桥。如武汉长江大桥、南京长江大桥、九江长江大桥、芜湖长江大桥。

2. 按跨越的障碍性质划分

通常跨越江、河、湖、海等障碍物的建筑统称为桥梁。

（1）跨越峡谷时称为谷架桥。

（2）跨越铁路、公路或多线公路半立交时称为跨线桥、立交桥。

（3）通行船舶的江河，有船舶通行时，桥梁需让出航道，可采用活动桥，这种桥梁可分为提升、平转、竖转等多种。

（4）临时使用时可采用便桥，亦称为拆装式桥梁，此种桥梁在军事上有十分重大的作用。便桥多以浮桥的型式出现，但浮桥也有永久型的。

（5）由岸边伸入水中的连通建筑物，如码头、泵站船只供油站的通道一般称为栈桥。

3. 按桥梁上部结构使用的材料划分

可列举为：竹索桥、藤桥、溜索桥、木桥、砖桥、石桥、混凝土桥（包括加入钢筋或加入预应力体系的混凝土结构）、钢桥、其他金属桥梁（如碳纤维桥）。又有以不同材料复合在一起的桥梁，复合结构是一个总称，可分为结合型结构及混合型结构两大系列。

4. 既按桥梁结构形式分，又按使用的材料再分的方式是桥梁上最通用的方式。

可划分为：

（1）梁式桥及刚构桥。这一大类是以可以承受轴向力，但主要是承受弯矩力的单元组成的桥梁。最简单的是一个单元，也可以由众多的单元组成。单元和单元之间有铰接、刚性连接、柔性连接、滑动连接等方式组成。总的结构体系和它的边界有固定支座、铰支座、活动支座及刚性连接等多种方式，因此组成了简支、连续桥梁，悬臂桥梁斜腿 V 型、T 型等刚构桥。

以上各类桥梁再按使用的材料再分时，又发展为混凝土、钢及多种复合型桥梁。

（2）拱桥。拱桥是以桥梁单元为主要承受巨大轴向压力的拱圈或拱肋组成的桥梁。这种形式的桥梁往往以不同形式的曲线，如圆曲线、抛物线等，以达到拱圈或拱肋内的力矩最小，这种结构在拱脚处除产生竖向反力外，还产生很大的水平推力。所以一般对地基的要求很高。拱桥有各种不同的型式，再按使用不同的材料建造时，如石料、混凝土、钢等，将形成一个很大的拱桥家族。

（3）悬索桥。这是古代原始桥梁的一种结构类型，又是现代特大型桥梁最适宜的型式。它是由两岸的固定点通过作为提高之用的索塔将特制的以高强柔性材料制成有一定垂度的缆索为主要承重结构做成的桥梁。它的组成部分有锚墩、索塔、缆索、吊索及加劲梁等组件。通行车辆的桥面一般称为加劲梁，一般加劲梁多以钢结构制成。这种桥型在两岸需设有可以承受强大水平拉力的锚墩。由于主要受力构件受抗，高强钢丝的出现，使桥梁创造了世界纪录。也有预应力混凝土及结合型的结构，又加上不同型式的桥跨及桥型布置，也组成了一个庞大家族。

（4）斜拉桥。这是另一种以高强度柔性材料组成桥梁的结构型式。它由主塔、斜拉索、主梁组成。柔性的斜拉索由主塔的上部平均地斜拉到主梁的各个节间上，组成稳定的桥梁体系。斜拉索有辐射形、竖琴形、扇形及星形等形式组成美观的索面。这是继悬索桥之后，在长大跨度桥梁上最适宜采用的桥型。由于桥式布置及材料选用的不同，也组成了花样繁多的桥梁世界。

（5）复合体系桥梁。在一座桥梁上同时采用两种以上的结构时，又出现了多种组合。这是可以利用不同桥型的突出优点，组合在一起，达到的桥型选择。

二、桥梁维修加固的现状

桥梁维修与加固是桥梁养护管理的一项重要内容，是保证桥梁正常工作的有力手段。桥梁的维修与加固技术也是一个新的课题。目前，我国公路交通事业蒸蒸日上，不少高速公路已建成并投入运营，另外还有不少正在建设的高速公路和其他等级的公路也将建成并投入运营。但由于设计、施工质量及养护等方面的原因，使得桥梁的维修和加固显得日益重要。此外由于历史和资金方面的原因，我国大部分 20 世纪六七十年代甚或 50 年代修建的桥梁仍在运营使用，因设计荷载标准偏低和桥梁宽度偏小等因素，这些桥梁已成为交通运输中的潜在隐患。这些都使得桥梁的维修和加固成为亟待解决的一个课题。

（一）桥梁加固的任务和形势

桥梁建成后，经过一段时间的使用后可能就会产生维修、改造和加固的需求，这时就要针对桥梁不能继续正常使用的状况进行处理，这些状况可以分为三类：

桥梁使用一定年限之后，出现结构陈旧老化、破损等影响到它原有设计承载能力而危及运行的，必须予以修补，使之恢复到原有设计的承载能力；桥梁基本完好，但当初设计标准低，经过一段时间的交通发展，荷载标准或桥上、桥下的净空不能满足新交通的需要，需对其加强才能适应新的交通要求；桥梁设计标准合理，结构基本完好，但桥梁遇到某种特殊需要，比如增加了原设计没有考虑在内的荷载或结构变化，因此需要临时加强。

对上述三类情况下的桥梁进行加固后，可以延长桥梁的使用寿命，用少量的资金投入，使桥梁能满足交通量的需求，缓和桥梁投资的集中性。实践证明：采用适当的加固补强措施，对恢复和提高旧桥的承载能力和通过能力，延长使用寿命，满足现代交通运输的新要求是可以办到的，这样做不仅可以节约大量的建桥资金，社会经济效益也十分可观。此外，尽管加固桥梁不是新建项目，难以作为地方政绩，但加固桥梁却可以预防和避免桥梁的坍塌造成物资和人身伤亡，避免政治、经济上的灾难。因此，根据实际情况对桥梁因地制宜地采取加固措施，确保道路的畅通，于国于民都具有积极的意义。尽管如此，目前我国桥梁加固工作的开展仍然遇到一些困难，妨碍了桥梁加固的顺利发展，这些困难中的客观因素主要表现在：

1. 已通车的桥梁，有现实的交通需要，因为要求在不中断交通的情况下进行加固，所以加固时可能会有交通干扰。

2. 结构形式的限制：加固的原则一般须利用原有结构进行，只能在原有结构上做文章，所以受到局限。

3. 新老结构的结合是一个难题：这里包含新老结构体系的变化和过渡，还包括新老桥体的结合面。

4.风险大:凡是要加固的桥梁,多半是危桥,结构已处在不利状态,有的岌岌可危。对旧桥有的缺乏原有的设计资料和施工记录,结构内部情况不详;现有的受力情况不一样,很难确定其结构极限,这给旧桥的加固带来了风险。

除了上述客观条件的限制以外,现有认识水平的差距也妨碍了桥梁加固的顺利发展:

通常业主单位更愿意废弃旧桥另修新桥,除非必要时才利用旧桥采取加固措施;由于旧桥加固方案的设计工作量大,收费低,所以一般大的设计单位不愿意承担这样的设计任务;加固设计需要良好的桥梁理论水平和力学基础知识。确定加固方案时要能正确分析和判断旧桥的安危程度,即其结构状态和内力大小程度。这就需要一定的力学试验作为结构分析的支撑,加固方案实施中存在复杂性。加固方案和处理方法要有一定施工经验的专业队伍。尽管存在这些困难,但也必须认识到:社会的发展必然会对交通运输提出更高的要求,交通流量迅速增加,车辆载重不断增大,现有公路桥梁的负担将日益加重,虽然桥梁具有一定的潜在能力,但总有一些桥梁或因设计施工中的"先天不足",或因公路线路改造提高荷载等级,或因超负荷工作,或因年久失修;或因意外事故等,难以适应这些需要。对于这种弃之可惜,用则不放心的桥梁,迫切需要加固改造,为适应新的形势,必须对此有充分的认识并予以高度重视。

(二)桥梁加固方法

与维修养护是为桥梁保持正常运营状态做保护性和预防性工作不同,加固是从承载受力的角度来处理的。一般来说加固方案可以考虑减少内力或增大截面,也可以应用加固新材料。目前的混凝土桥梁加固方法主要有:一是结构性加固,如采用体外预应力、在结构的受拉区粘贴钢板或增设钢结构支撑;二是非结构性加固,如对裂缝进行封闭或压浆处理等。在本章后面几节将对这些方法做详细介绍。加固方案的实施需要有一定经验的熟练工人和施工队伍来完成,对工艺上也应有比较高的要求。加固后还需要对桥梁进行检测和观察,以确定加固的效果。目前对于结构的加固还只有一些规程可以参考,随着技术的进步和不断总结经验,相信不久将形成桥梁加固的专门规范,进一步推动其快速发展。

三、桥梁结构加固与技术改造的规定

1.桥梁经过技术状况评定及承载能力鉴定后,确认经过加固能满足结构安全或正常使用要求时应进行加固。加固工作的内容及范围应根据评定结论和委托方提出的使用要求确定。

2.桥梁的加固应尽可能不损伤原结构,避免不必要的拆除及更换,防止加固中造成新的结构损伤或病害。

3.因特殊环境（高温、冻融、腐蚀等）造成的桥梁结构病害，加固设计时应采取针对性的处治措施。

4.有抗震要求的桥梁，加固时还应进行桥梁抗震能力验算。

5.加固施工方法、流程、工艺的设计，应考虑结构或构件出现倾斜、失稳、坍塌等可能性，并采取有效措施。

6.特大桥、大桥主要承重构件的加固方案应进行充分论证，做多方案的技术、经济比选。

四、常用桥梁加固修补材料

桥梁的加固离不开修补材料，桥梁结构的修补材料种类繁多、性能各异，施工工艺及技术要求也不同。最常采用的是无机类的早强水泥、超早强水泥、速凝水泥及其砂浆或混凝土以及有机类的各种合成树脂及其砂浆或混凝土。另外，还有由这两类材料配制而成的聚合物水泥砂浆、聚合物水泥混凝土，以及其他修补材料、灌浆材料、表层涂料等。

（一）常用的水泥基修补材料

水泥基修补材料是过去最常采用的修补材料。它适用于修补宽度较大的裂缝及损伤面积较大的混凝土结构。由于要求修补后结构或构件应有较高的强度与原结构要有可靠的黏结以及较好的耐久性能，所以，用于修补的水泥基材料必须具有快硬早强性能及较小的干缩性，最好应稍具膨胀性。

1.修补用高强混凝土及砂浆：在配制修补用的高强混凝土或砂浆时，应针对其破坏原因，采用适合于破损结构的水泥品种，且应选择较高标号的水泥，细骨料、粗骨料也应符合质量要求，并可选用必要的外加剂。如高效减水剂、引气剂、早强剂、早强减水剂、速凝剂、防冻剂等。其配合比也应根据修补要求经试验确定。

2.硅粉混凝土及砂浆：硅粉混凝土或砂浆具有良好的和易性、显著的增强效果和良好的耐久性等特性。但早期干缩率较大，所以必须有良好的养护，特别是在薄层修补时，尤其要注意切实做好养护工作，避免表层干裂。

3.铸石骨料混凝土及砂浆:将铸石破碎成碎石及人工砂，作为混凝土的粗、细骨料，配制成的铸石混凝土或砂浆，具有强度较高、硬度很大、吸水率低、耐磨性好等特点。已在一些大型工程中作为抗冲磨修补材料采用，效果良好，缺点是造价较高。

4.钢纤维混凝土：钢纤维混凝土是在混凝土中均匀散布直径为 0.3~0.6mm、长度为 20~60mm 短钢纤维的一种新型混凝土。横跨裂缝的钢纤维可极大地限制混凝土裂缝的进一步扩展。因此，钢纤维混凝土有效地克服了普通混凝土抗拉强度低、易开裂、抗疲劳性能差等固有缺陷。

5. 玻璃纤维水泥（CRC）：玻璃纤维水泥是利用玻璃纤维增强的水泥基复合材料，称为GRC，通过在水泥砂浆中掺入高抗拉强度的玻璃纤维可改善其脆性，提高其抗拉、抗弯和抗裂性能。

6. 喷射混凝土：喷射混凝土是借助喷射机将按一定比例的混凝土混合物通过管道输送并以高速喷射到受喷面上凝结硬化的混凝土。喷射混凝土与其他材料或建筑结构具有良好的黏结性，并能嵌入结构表面洞穴、裂缝，保证与被加固结构共同工作，具有较高的强度和较好的耐久性。

7. 真空处理混凝土：真空处理混凝土是将浇灌后的混凝土，立即利用真空泵等组成的真空吸水装置，在混凝土表面造成真空；从表面附近的混凝土中将气泡和水分吸走，同时利用大气将混凝土加压的一种工艺处理而获得的混凝土。采用真空作业处理的混凝土，可在不增加水泥用量的前提下，降低水灰比、增加密实度、较大幅度地提高混凝土的强度和耐久性。但因其施工比较麻烦、效率较低，尚有待改进。此外，还有环氧砂浆及环氧混凝土、不饱和聚酯树脂砂浆及混凝土、呋喃砂浆、玻璃钢（玻璃纤维增强塑料）、聚合物水泥基修补材料、丙乳砂浆（丙烯酸酯共聚乳液水泥砂浆）、BAC砂浆等材料都可以在桥梁加固中应用。

（二）碳纤维布等其他修补材料

由于桥梁结构种类很多，用途不一，修补要求也各不相同。在修补工程中除常采用上述各种修补材料外，还有采用如橡皮、塑料等其他修补材料。另外，近几年从国外传入中国的碳纤维布、芳纶纤维布对桥梁结构具有良好的补强性能。加固混凝土结构用的纤维材料，目前主要有三种：玻璃纤维（GFRP）、碳纤维（CFRP）和芳纶纤维（AFRP）。纤维复合材料的力学特点是：应力应变量完全线弹性，不存在屈服点或塑性区。由于碳纤维材料具有高强、轻质、耐腐蚀、耐疲劳等优异物理力学性能，以及现场施工便捷，所以是旧桥加固补强的理想材料。在使用中必须注意既要满足修复工程的应用要求，又要充分适应所选用的修补材料的特性，不同情况，区别对待。

（三）灌浆修补材料

常用的灌浆修补材料可分为水泥灌浆和化学灌浆材料两大类。水泥灌浆具有结石体强度高，材料来源广，价格低廉、运输、储存方便，以及灌浆工艺较简单等优点。化学灌浆修补材料可分为：水玻璃类材料、甲基丙烯酸酯类材料（甲凝）、聚氨酯类材料、丙烯酰胺类材料（丙凝）、铬木素和环氧树脂类材料等，具有流动性好、强度高、抗震抗冲击性好等优点。

第二节　梁桥上部结构加固

近 30 年来，我国交通运输的快速发展，对桥梁承载力提出了更高的要求，许多桥梁迫切需要改造或加固。需要加固的梁式桥，大多是由于主梁截面承载能力不足（截面尺寸偏小或配筋偏少），不能适应交通运输发展的要求。因此，最直接的加固方法就是通过增大主梁截面的惯性矩来提高截面的承载能力。如果这种加固方法在技术或经济上不够合理，则可改变结构体系或者增强主梁间的横向联系，以减小主梁中的内力，也可施加体外预应力或采用其他有效的加固方法，以提高桥梁的承载能力。现以梁式桥为例，介绍几种桥梁上部结构加固改造技术。

一、一般规定

梁式桥的主梁受力状况由三个要素决定，即荷载（恒载、活载）作用产生的内力（弯矩）、主梁截面面积决定的截面几何特性（惯性矩、几何抗弯弹性模量）和主梁材料的自身强度。当外界条件改变，如车辆荷载增加、超限、超重等，对桥梁引起的内力增大，超过主梁结构和材料强度的允许范围时，势必造成主梁受拉部位开裂、破损、承载力下降，成为危桥。随着桥梁运营年限的增加，各种外界因素导致材料性能恶化、强度降低，也将造成原桥承载力下降、开裂、破损，最终成为旧危桥。

钢筋混凝土及预应力钢筋混凝土梁板桥的加固应符合以下规定：

1. 当梁板桥强度、刚度、整体性及耐久性不足时，应对其进行加固。

2. 梁板桥的加固主要采用粘钢加固、FRP 加固、高强钢绞线网聚合物砂浆加固、体外预应力加固等方法，也可采用上述多种方法的组合。

二、加固原理

目前梁式桥加固基本原理归纳起来都是遵循力学的基本原理，从桥梁结构的外界因素和内在状况改变的角度进行加固补强，提高桥梁承载力。

1. 从外因角度通过结构性能改变提高主梁的承载力

（1）增大截面

采用喷射混凝土、现浇混凝土、外包混凝土加大主梁截面尺寸等加固方法，都是属于增加截面的加固方法和技术。采用增大主梁截面的方法加固，目的是增加主梁截面抗弯惯矩或几何抗弯模量。当荷载产生的内力（弯矩）不变或荷载等级提高时，通过改变截面几何特性的途径，减少主梁截面承受的拉应力（通常压应力不控制设计），使其不超过主梁材料性能承受范围，从而达到加固主梁提高桥梁承载力的目的。

（2）增加主梁强度

对主梁采用环氧砂浆（胶浆）粘贴钢板（筋）、环氧玻璃钢、碳纤维布、芳纶纤维布等高强材料，都是属于增加主梁强度的加固方法和技术。这种方法是在不变原主梁截面的前提下，当荷载等级不变或荷载等级增加时，增加了主梁受拉区的材料强度，使荷载在主梁上产生的拉应力小于补强材料的强度，从而达到加固主梁，提高主梁承载力的目的。

2. 从内因角度通过调整内力提高主梁的承载力

改变原桥结构体系，将简支梁体系改变为连续梁体系、加八字支撑改变桥梁的跨径，或施加预应力将主梁结构由弯剪结构变为压弯剪结构，通过改变结构内力或应力分布，以达到提高主梁承载力的目的。

综上所述，无论是采取外部条件改变主梁的结构性能的加固方法，还是通过结构体系的改变调整主梁的内力的加固方法，其基本原理都是为了减少主梁承受的拉应力或增强主梁承受拉应力的能力，满足结构受力的需要，提高原桥梁的承载能力。

三、增大截面加固

目前，国内有相当一部分桥梁，在修建时荷载等级仅适应当年的要求，面对当今交通运输事业的发展，有的已表现出荷载等级偏低、承载力不足的缺陷，有的病害逐渐产生、发展，甚至成为危桥。其主要原因是原桥钢筋和截面尺寸偏小，不能满足当前荷载等级和安全通行的要求。对于这部分桥梁，可以采用增大构件截面的方法进行加固。

（一）加固基本原理与特点

增大截面加固法，是增大构件截面和配筋，用以提高构件的强度、刚度、稳定性和抗裂性，适用于钢筋混凝土和预应力混凝土受弯构件、钢筋混凝土上受压构件的加固。

1. 受弯构件加固受力特征

该法属于被动加固法。根据被加固构件的受力特点和加固目的与要求、构件部位与尺寸、施工方便等可设计为单侧、双侧或三侧加固，以及四周外包加固。根据不同的加固目的和要求，该法又可分为增大截面为主的加固和加配钢筋为主的加固，或者两者同时采用的加固。增大截面为主的加固，为了保证补加的混凝土正常工作，亦需适当配置构造钢筋。加配钢筋为主的加固，为了保证配筋的正常工作，需按钢筋的间距和保护层等构造要求决定适当增大截面尺寸。

钢筋混凝土和预应力混凝土受弯构件采用增大截面法加固设计时，主要有增加受力筋截面、增大混凝土截面两种方法。增大混凝土截面是增设现浇混凝土层来增大正截面高度，进而提高正截面抗弯承载力和刚度。而增加受力钢筋主筋截面是在受拉区截面外增设纵向钢筋。为了保证加固纵向钢筋的正常工作，需要按构造要求浇筑混凝土保护层，进而增大混凝土截面尺寸。因此，旧桥受弯构件的加固设计，应根据现场结构的实际情况，分别采用受压区或受拉区两种不同的加固形式。

该加固方法具有以下特点：

（1）主梁受力明确，计算简单方便，加固后主梁的承载能力、刚度、稳定性得到明显提高，加固效果较好。

（2）施工简便，经济有效。桥面施工活动全部在桥面进行，操作便利，易于控制工程质量。与其他加固方法相比，增大截面加固法可获得较好的经济效益。

（3）加大构件截面，会使上部结构恒载增加，对原桥梁结构的下部结构有一定影响。

（4）现场湿作业工作量大，养护期较长，加固期间需适当中断交通。

（5）若对梁底增大尺寸，会使桥下净空有所减小。

2.加固构造规定

（1）新浇混凝土应符合下列要求：

1）新浇混凝土强度级别宜比原构件混凝土强度级别提高一级，并不低于C25。

2）新浇混凝土层的最小厚度，对板不宜小于100mm，对梁和受压构件不宜小于150 mm。

3）当新浇混凝土层厚度小于100mm时，可采用小石子混凝土或喷射高性能抗拉复合砂浆。在结构尺寸复杂和新浇混凝土施工条件差的情况下，可采用微膨胀或自密实混凝土。

（2）加固用的受力钢筋直径不小于12 mm，不宜大于25 mm；构造钢筋直径不小于10mm；箍筋直径不宜小于8 mm。

（3）新增钢筋应符合下列要求：

1）当新增纵向钢筋与原构件受力钢筋采用短筋焊接时，短筋的直径不宜小于12mm，各短筋的中距不应大于500mm。

2）当用单侧或双侧加固时，应设置U形箍筋或封闭式箍筋。

（4）在受拉区增设混凝土加固的受弯构件，且新增纵向钢筋需截断时，应从计算截断点至少再延长锚固长度。受压构件上新增纵向受力钢筋应伸入与之相连的原结构中，并满足锚固要求。

（5）新老混凝土接合面处，原构件的表面应凿成凹凸差不小于6mm的粗糙面。

（二）增焊主筋加固法

当梁内所配置的主要受力钢筋截面面积不足，无法满足抗弯承载力的要求，而桥下净空又受到限制不允许过多增加主梁高度时，可采用增加纵向主梁钢筋的方法进行设计与加固。增焊主筋加固法主要施工步骤如下。

1. 增焊主筋

凿开梁肋下缘混凝土保护层，露出主筋，将原箍筋切断并拉直，再把新增钢筋焊在原主筋上，新增受力钢筋与原受力钢筋净间距在 20mm 以上，采用短筋或箍筋与厚钢筋焊接，增焊钢筋断头宜设在弯矩较小的截面上。为减少焊接时温度应力的影响，施焊时应采用断续双面施焊，并从跨中向两支点方向依次施焊。

2. 增设植筋

如果原桥梁的箍筋不足或梁腹出现剪切裂缝，则在加固过程中，在增焊主筋的同时还应在梁的侧面增加 U 形箍筋或封闭式箍筋，并与原构件牢固连接。具体做法是：在梁腹上埋入梢钉，把补充的箍筋固定起来，并把箍筋上端埋入桥面板中。

3. 卸除部分恒载

加固时，为了减少原结构的截面应力，使新增加的钢筋充分发挥作用，有条件时应采取多点顶起等措施，将梁顶起或凿除部分桥面铺装，然后再进行加固（起顶位置和吨位由计算确定）。

4. 恢复保护层

钢筋焊接好并接卡箍筋后，重新做好混凝土保护层。

（三）增大混凝土截面加固法

当采用加大混凝土截面法进行补强加固设计时，必须考虑结构分阶段受力这一特点，并进行详细的分析计算。这种加固方法只有在因补强加固所增加的恒载仍在原结构下缘受拉区强度许可的限度内方可采用，也就是说原结构截面必须能承受原有恒载和补强加固增加的恒载，而活载则由最后的组合截面承受。

受压区增大截面加固方法，一般适用于跨径较小的 T 形梁桥或板梁桥。在原桥上部结构构件的承载力不足，截面面积过小，而墩台及基础较好，承载力较大的情况下，为了方便施工，可将原有桥面铺装层拆除，对桥面板表面进行处理后，再浇筑一层新的钢筋混凝土补强层，用以提高梁（板）的抗弯能力。

为了使新旧混凝土有良好的结合，应把原桥面板表面凿毛洗净，每隔一定的距离都要设置齿形剪应力槽或埋设桩状（钢筋柱）剪力键，或用环氧树脂作为胶结层；同时，在桥面板上铺设钢筋网，以增强桥面板的整体性和抗压能力，防止新浇筑的混凝土补强层开裂。钢筋网的钢筋直径与间距可根据补强层参与桥面板共同受力情况来确定。加固后重新铺设桥面的铺装层。

对于有三角垫层的桥面板，可将原作为传力结构的三角垫层凿去，代之以与原桥面板结合为整体、共同受力的钢筋混凝土补强层，或用钢筋混凝土补强层取代桥面铺装层。这样在不增加桥梁自重的情况下进行加固补强，其效果更为明显。

该法施工简便，不需搭设支架，但施工时桥上行车受阻。因此，对于不允许中断交通的重要干线桥梁，这种加固方法受到一定的限制。此外，由于加厚部分使桥梁自重和恒载弯矩增加较多，并且仍然是原结构下缘受拉钢筋应力控制设计，故此加固方法一般只适用于跨径较小的 T 形梁桥或板梁桥，而且在加固前应对梁（板）的受力状况进行详细分析，在梁（板）下翼缘强度容许的限度内确定桥面的加厚高度。

此外，在现有桥梁中有一部分 T 形梁桥。这类桥因原截面高度不够或尺寸过小，导致其承载力不足。对于此类桥梁，可在梁肋下缘扩大截面面积，而在靠近支座的梁端部分仍保持原截面（仅在跨中某区段将梁肋下缘截面加大），在截面扩大部分与原截面之间做一斜面过渡。在新增混凝土截面中增设受力主筋，通过加固层与原结构紧密结合在一起，共同承受外荷载作用。

为了保证新旧混凝土之间有良好的黏结，需在浇筑混凝土前，先将结合部位的旧混凝土表面凿毛，露出骨料，清洗干净；同时每隔一定距离（一般为 1m 左右）凿露出主筋，以便通过锚固钢筋将新增加的主筋与原结构中的主筋相连接。新增加的混凝土一般采用悬挂模板现场浇筑。

（四）结构加固计算

1. 增大截面加固法受弯构件设计计算步骤

（1）根据原构件的受力情况、病害情况、尺寸及配筋、现场条件，结合设计及施工经验，初步确定需要增加的截面尺寸，新增钢筋量。

（2）第一阶段计算，即新增混凝土凝固前，构件在各种自重作用下截面内各材料的应力强度计算。

（3）第二阶段计算，即新、旧混凝土形成整体共同承受后荷载作用下截面强度的计算。

（4）验算以上加固后截面强度、刚度和抗裂性，若不符合要求或富余太多，应调整截面增大的尺寸及配筋量，同时避免自重或加固费用增加较多。

（5）按上述最终确定的尺寸和配筋量进行持久状况承载力极限状态正截面承载力计算和斜截面抗剪承载力计算等。加固后，结构的各项性能均需符合规范要求。

2. 受拉区加固的受弯构件正截面承载力计算对于受拉区加固的受弯构件，其正截面的承载力计算基于下列基本假设：

（1）构件弯曲后，其截面仍保持为平面。

（2）在受弯承载能力极限状态下，截面受压边缘混凝土应变达到极限压应变，截面受压区混凝土应力等效为矩形应力图形，混凝土抗压强度取原构件混凝土轴心抗压强度设计值，截面受拉混凝土的抗拉强度不予考虑。

（3）在承载能力极限状态计算时，受拉区钢筋应力取其抗拉强度设计值，受压区钢筋应力取其抗压强度设计值。

（4）钢筋应力等于钢筋应变与其弹性模量的乘积，但不大于其强度设计值。

（5）构件达到受弯承载能力极限状态时，新增普通钢筋的拉应力按平截面假定确定，新增普通钢筋的拉应力为钢筋的弹性模量与其拉应变的乘积。

对于受拉区加固的受弯构件，其正截面的承载力计算请参照相关专业资料。

四、粘钢加固

（一）钢板粘贴补强法概述

钢板粘贴补强法采用环氧树脂系列黏结剂，将钢板直接粘贴在被加固的钢筋混凝土结构物的受拉区或抗剪薄弱部位，使之与结构物形成整体，用以代替需增设的补强钢筋，通过钢板与补强结构的共同作用，来提高其刚度，限制裂缝开展，改善钢筋及混凝土的应力状态，提高梁的承载能力，以达到补强效果。

1.特点

用粘贴钢板来加固桥梁，在国外已得到广泛的应用，国内也有不少实例。这是因为这种加固法具有以下特点：

（1）不损伤原有结构物。

（2）施工工艺简单，施工质量易于控制。

（3）施工工期短，经济型较好。

（4）钢板所占空间小，加固工程几乎不增大原结构物的尺寸，不影响桥下净空。桥梁自重增加很小。

（5）可以在不影响或少影响交通的情况下施工。尽管工程质量要求很高，但施工时并不要求高级的专门技术人员操作。

（6）几乎可以不改变具有历史价值建筑的原有艺术特点。

（7）黏结剂的质量及耐久性是影响加固效果的主要因素。

（8）加固钢板容易锈蚀，必须进行严格的防锈处理。

2.适用范围

该法适用于对钢筋混凝土受弯、大偏心受压和受拉构件的加固。加固时，一般将钢板粘贴在被加固结构受力部位的表面，既能充分发挥粘贴钢板的作用，又能封闭粘贴部位的裂缝和缺陷，从而有效提高构件的强度、刚度和抗裂性。设计时，可根据需要，在不同的部位粘贴钢板，以有效地发挥钢板的抗弯、抗剪、抗压性能。

（1）为了提高桥梁结构的抗弯能力，在构件的受拉边缘表面粘贴钢板，使其与结构形成整体受力。设计钢板长度时，应将钢板的梁端延伸到低应力区，以减少钢板锚固端的黏结集中应力，防止黏结部位构件出现裂缝或粘贴钢板被拉脱的现象发生。

（2）如果桥梁结构的主拉应力区斜筋不足，为了增加结构的抗剪切强度，可将钢板粘贴在结构的侧面，并垂直于剪切裂缝的方向斜向粘贴（斜度一般为45°~60°），以承受主拉应力；也可以竖向粘贴钢板成条状或用U形和L形箍板，两种形式都需要钢板压条。当局部受力比较集中部位（悬臂梁牛腿处或挂梁端部）出现裂缝时，通过粘贴钢板可增强构件抗剪强度。

（3）粘贴钢板法也可用于提高桥梁高度。

3. 粘钢加固形式

钢板粘贴补强加固梁式桥就是采用环氧树脂系列胶黏剂将钢板粘贴在梁式桥结构的受拉应力边缘或薄弱部位，使之与结构形成整体，用以代替需增设的补强钢筋，提高梁的承载力，达到补强效果的一种加固方法。其常用加固形式有以下几种：

（1）梁底粘贴纵向钢板加固形式

在梁底下粘贴钢板加固，可提高梁的抗弯能力，施工简便，不减少桥下净空，且可在不影响或少影响正常交通情况下进行。因此，此法应用广泛。1975年，日本就用粘贴钢板技术对200多座强度不足的桥梁进行了加固。此法在国内应用也很多。例如，上海市应用此法加固了多座桥梁，桥梁加固效果很好。

（2）梁腹粘贴斜向钢板加固形式

此法可使钢板与混凝土整体受力，提高梁的整体刚度与抗剪强度。为防止梁体内原有钢筋或预应力钢索的锈蚀，钢板粘贴前应先在裂缝处灌入环氧树脂浆液，将裂缝封闭后再粘贴钢板。

（3）牛腿处或靠近支座主梁梁腹粘贴钢板加固形式

当用来增强构件抗剪强度时，如在支座、牛腿处出现裂缝时粘贴钢板，钢板可以是块状的，也可以是带状的。带状钢板设置方向一般与主拉应力方向平行，也就是与剪切裂缝方向垂直，跨缝布置，上下端设水平锚固板，以提高端部的锚固强度。钢板厚度一般为10~15 mm。

（4）桥面板底部粘贴钢板加固形式

此法可使钢板与混凝土整体受力，提高梁的整体刚度与抗剪强度。为防止梁体内原有钢筋或预应力钢索锈蚀，钢板粘贴前应先在裂缝处灌入环氧树脂浆液，将裂缝封闭后再粘贴钢板。

（二）钢板粘贴补强法的设计

结果表明，粘贴后钢板与原有结构能够共同作用。因此，加固设计时，钢板可作为钢筋的断面来考虑，将钢板换算成钢筋；原有构件承受恒载与活载；增加的钢板承受部分活载，钢板仅承受轴向应力作用。

粘贴钢板外表面，应进行防护处理。表面防护材料对钢板及胶黏剂应无害。如果原结构混凝土强度过低，它与钢板的黏结强度也必然很低，极易发生呈脆性的剥离破坏。因此，本方法不适用于素混凝土构件的加固。被加固混凝土受弯构件混凝土强度等级不应低于C20。被加固受压构件混凝土强度等级不应低于C15。被加固预应力混凝土构件混凝土强度等级不应低于C30。

1. 抗弯加固

国内外的研究表明，在受弯构件的受拉面和受压面粘贴钢板进行受弯加固时，其截面应变分布仍可采用平截面假定。

当用来提高构件的抗弯能力时，应把钢板粘贴在梁（板）受拉翼缘的表面上，使钢板与混凝土作为整体受力，以钢板与混凝土接缝处混凝土局部剪切强度控制设计。用于粘贴的钢板尺寸应尽可能薄而宽。薄钢板由于具有较好的柔性和弹性而易于与混凝土构件表面结合较为紧密。允许使用较厚的钢板，但为了防止钢板与混凝土黏结的劈裂破坏，要求其端部与梁柱节点的连接构造符合外粘型钢焊接及注胶方法的规定。合理的设计应满足在钢板发生屈服变形前，混凝土不出现剪切破坏。为避免钢板在自由端脱落，端部可用夹紧螺栓固定，或在钢板上按一定的距离用螺栓固定，构件加固效果更有保证。

钢筋混凝土结构构件加固后，其正截面受弯承载力的提高幅度，不超过40%，其目的是为了控制加固后构件的裂缝宽度和变形程度，并且验算其受剪承载力，避免受弯承载力提高后导致构件受剪破坏先于受弯破坏（强剪弱弯）。

构造要求如下：

（1）采用直接涂胶粘贴的钢板厚度不应大于5 mm。钢板厚度大于5 mm时，应采用压力注胶粘贴。对钢筋混凝土受弯构件进行正截面加固时，钢板宜采用条带粘贴，钢板的宽厚比不应大于50。

（2）为了避免因加固量过大而导致钢筋性质的脆性破坏，对于重要构件的相对界限受压区高度，采用构件加固前控制值的0.9倍。当采用厚度小于5mm的钢板时，对受拉区粘贴钢板加固层不超过3层，对受压区粘贴钢板加固层不超过2层。当钢板厚度为10mm时，仅允许粘贴1层钢板。当加固的受弯构件需粘贴1层以上钢板时，相邻2层的截断位置应错开一定距离，且其错开的距离不应小于300 mm，并应在截断处加设U形箍（对梁）或横向压条（对板）进行锚固。

（3）在受弯构件受拉区粘贴钢板时，其板端一段由于边缘效应，往往会在胶层与混凝土黏合面之间产生较大的剪应力峰值和法向正应力的集中，成为粘钢的最薄弱部位。若锚固不当或粘贴钢板不规范，均易导致构件加固体连接处的脆性剥离或过早剪坏，为此有必要采取加强锚固措施。

2. 抗剪加固

当粘贴钢板用来加固和增加梁的剪切强度时，钢板应粘贴在梁的侧面，跨缝粘贴。用于粘贴的钢板可以是块状的，也可以是带状的，长度方向与主拉应力方向一致，垂直于裂缝，端部进行锚固。带状钢板沿垂直于裂缝的方向粘贴，斜度一般为45°~60°。梁的上下端应设水平锚固板，以提高端部的锚固强度。钢板厚度依设计而定。当采用钢板对受弯构件的斜截面承载力进行加固时，应粘贴成斜向钢板、U形箍或L形箍。斜向钢板和U形箍、L形箍的上端应粘贴钢压条（使其成纵向）予以锚固。

根据实际经验，对受弯构件斜截面加固的钢箍板粘贴方式应做统一的规定，并且在构造上，只允许采用垂直于构件轴线方向的加锚封闭箍和其他三种有效的U形箍，不允许仅在构件侧面粘贴钢条受剪应力作用，因为经验表明，这种粘贴方式受力不可靠。

3. 锚固措施

（1）对受弯构件正弯矩区的正截面加固时，当粘贴的钢板延伸至支座边缘仍不满足延伸长度的要求时，可以采取下列锚固措施：

1）梁应在延伸长度范围内均匀设置U形箍，且应在延伸长度的端部设置一道加强箍。

U形箍应伸至梁翼缘板底面。U形箍的宽度，对端箍不应小于200mm，对中间箍不应小于受弯加固钢板宽度的1/2且不应小于100mm。U形箍的厚度不应小于受弯加固钢板厚度的1/2。U形箍的上端应设置纵向钢压条。压条下面的空隙应加胶粘钢垫块填平。

2）板应在延伸长度范围内通长设置垂直于受力钢板方向的钢压条。钢压条应在延伸长度范围内均匀布置，且应在延伸长度的端部设置一道。钢压条的宽度不应小于受害加固钢板宽度的3/5，钢压条的厚度不应小于受弯加固钢板厚度的1/2。

（2）直接涂胶粘贴钢板时也应使用锚固螺栓。其锚固深度不应小于6.5倍的螺栓直径。螺栓布置的间距应满足下列要求：螺栓中心最大间距为24倍钢板厚度，最小间距为3倍螺栓孔径；螺栓中心距钢板边缘最大距离为8倍钢板厚度或120mm中的较小者，最小距离为2倍螺栓孔径。如果螺栓只用于钢板定位或粘贴加压时，则不受上述限制。

（三）结构加固计算

1. 受力特点

将钢板或钢筋粘贴于构件受拉部位或者薄弱部位的面层，使其与结构形成整体，共同承受荷载。原结构的恒载内力由原构件承担，新增钢板或钢筋只承受粘贴加固后的荷载产生的应力。一般情况下，由于加固前一期恒载等作用，原构件混凝土及钢筋的应力、应变已经有了相当的储备，在加固后的二期恒载及活载作用下，原构件混凝土及钢筋的应力、应变积累值往往大于在新增混凝土及钢板或钢筋内产生的相应值，使得原构件的钢筋遭到破坏时，新增钢板或钢筋的强度还达不到充分发挥。只有当原受拉钢筋屈服后，新增钢板或钢筋的应变、应力才迅速增加。除此之外，受压区混凝土的压应力也是主要的控制因素。设计时应考虑构件这种分阶段受力的特点。

2. 计算原理及方法

对于使用多年又出现裂缝的钢筋混凝土构件来说，经常有混凝土碳化、钢筋锈蚀现象，再加上新增钢板或钢筋由于黏结材料和施工原因，与原构件混凝土的黏结强度比不上原钢筋与原混凝土的黏结强度。这些因素要反映到极限状态的计算中来，因此不能按新材料、新结构的计算方法来计算，也就是不仅要考虑新增钢板或钢筋的实际受力情况，而且要考虑对构件的承载能力有一定的折减。前者表现为：对新、旧钢筋或钢板的应力，应根据分阶段受力特点，依据换算截面分阶段验算，在采用钢与混凝土弹性模量比值时考虑混凝土弹性模量的降低。后者表现为：考虑钢筋锈蚀的影响，对钢筋的屈服强度进行折减。采用上述方法来计算加固构件的抗弯承载力，固然要比新材料、新结构的计算工作量大一些，但更能反映加固构件的实际受力状况。

对于钢筋混凝土受弯构件的粘钢加固计算，前提是截面应变分布仍符合平截面假定，自保证所粘贴钢板或钢筋与原构件保持变形协调，即保证粘贴可靠，不发生因粘贴面过早剥离而导致的破坏。

粘钢加固的正截面配筋设计方法的基本原则：如果完全按承载能力极限状态法来设计计算，则不能反映加固构件分阶段受力的特点，只能反映构件最终状况的承载力。因此，先按弹性理论的计算方法计算各阶段材料的最大应力，并按容许应力法验算材料强度。这样，可同时适用 I 形截面梁和矩形截面梁的计算。在第二阶段，即加固后的截面应力计算中，设计人员根据工程经验、构件的受力情况、病害情况和尺寸及配筋等，初步确定新增钢板或钢筋截面积。经计算所选择粘钢面积满足材料强度要求后，利用最终得到的新增钢板或钢筋截面积进行持久状况承载能力极限状态正截面抗弯承载力计算，符合要求后全部设计计算完成。

（1）基本假定

1）构件弯曲后，截面仍保持为平面。

2）截面受压混凝土的应力图形简化为矩形，强度取为其抗压强度设计值，截面受拉混凝土的抗拉强度不予考虑。

3）极限状态计算时，受拉区钢筋应力取其抗拉强度设计值，受压区钢筋应力取其抗压强度设计值。

4）新增钢板应力等于钢筋应变与其弹性模量的乘积，但不大于其强度设计值。

5）构件达到受弯承载能力极限状态时，必须采取可靠的锚固措施，避免发生钢板与混凝土之间的黏结剥离破坏。

（2）基本步骤

粘贴钢板加固桥梁构件的作用效应宜分为两个阶段进行计算：

第一阶段，粘贴钢板加固施工前，作用（或荷载）应考虑加固时包括原构件自重在内的实际恒载及施工时的其他荷载。

第二阶段，粘贴钢板加固后，作用（或荷载）应考虑包括构件自重在内的恒载，二期恒载作用及使用阶段的可变作用，作用效应组合系数按现行规范取用。

（四）钢板粘贴补强法的施工工艺

1.粘贴钢板法分类

粘贴钢板法依据采用黏结剂的不同，其施工工艺也有所不同。若黏结剂为液状时，用灌注法；若黏结剂为胶状时，用涂抹法。前者在钢板安装后用注入法加入，后者是在钢板粘贴前用涂刷法事先涂好。当钢板厚度小于或等于 5 mm 或者宽度小于或等于 300 mm 时，采用涂抹法粘贴钢板；当钢板厚度大于 5mm 或宽度大于 300mm 时，采用灌注法粘贴钢板。

（1）灌注法

先将加固钢板固定在混凝土上，将钢板与混凝土边缘密封后再向钢板与混凝土的间隙中压注流体状结构胶。该方法施工略复杂，但加固钢板厚度可较大（可超过 5 mm，允许达到 10mm，但应采取类似外粘型钢节点的加强锚固措施），且单块加固钢板面积可较大，施工基本不受胶液可操作时间的限制。

（2）涂抹法

在加固钢板及混凝土表面涂刮膏状建筑结构胶，在结构胶凝胶硬化前将钢板和混凝土黏合固定。该方法施工较简单，但粘贴钢板厚度不能太厚（不超过 5 mm，最好为 2~3 mm），且单块钢板面积较小，配胶、涂胶、固定等施工操作要求在胶的可操作时间（约 40min）内全部完成。

2.粘贴钢板法施工步骤

（1）混凝土表面处理

混凝土面应凿除粉饰层，清除油垢、污物；然后用角磨机打磨除去 1~2 mm 厚表层，较大凹陷处用找平胶修补平整；打磨完毕后用压缩空气吹净浮尘；最后用棉布蘸丙酮拭净表面，待粘贴面完全干燥后备用。

（2）钢板表面处理

该工序所用主要设备与材料有：护目镜、防尘口罩、冲击电锤及扁铲、手锤、角磨机、金刚石磨片、砂轮片、空压机、棉布、丙酮。

（3）加压固定及卸荷系统准备

加压固定宜采用千斤顶、垫板、顶杆所组成的系统。该系统不仅能产生较大压力，而且加压固定的同时卸去部分加固构件承担的荷载，能更好地使后粘钢板与原构件协同受力，加固效果最好，施工效率较高。

加压固定也可采用膨胀螺栓、角钢、垫板所组成的系统。该系统需要在加固构件上合适的位置处钻孔固定膨胀螺栓，仅能产生较小压力，不能产生卸荷效果，适合侧面钢板的粘贴。

（4）胶黏剂配制

建筑结构胶常为多组分。取洁净容器（塑料或金属盆，不得有油污、水和杂质）和称重衡器，按说明书配合比混合原料，并用搅拌器搅拌至结构胶色泽均匀为止。搅拌时最好沿同一方向搅拌，尽量避免结构胶混入空气形成气泡。建筑结构胶配置场所宜通风良好。

该工序所用主要设备有：搅拌器、容器、衡器、腻刀、手套。

（5）涂胶和粘贴

胶黏剂配制完成后，用腻刀将其涂抹在已处理好的钢板面上（或混凝土表面），胶断面宜成三角形，中间厚 3mm 左右，边缘厚 1mm 左右，然后将钢板粘贴在混凝土表面，用准备好的固定加压系统固定，适当加压，以胶液刚从钢板边缝挤出为度。

钢板粘贴应选择干燥环境下进行。将配好的胶黏剂均匀地涂抹在清洁的混凝土和钢板条黏结面上。立面涂胶应自上而下地进行。钢板条黏结面上的抹胶可中间厚两边薄，板的中央涂抹胶的厚度为 3~5 mm。将钢板平稳对准螺栓孔并迅速拧紧螺帽，使钢板与混凝土紧密黏合，清除挤出的多余胶黏剂。钢板加压的顺序应由中间向两边对称进行。钢板厚度大于 5mm 时，采用压力注胶黏结，先用封边胶将钢板周围封闭，留出排气孔，在钢板低端粘贴注浆嘴并通气试漏后，以不小于 0.1 MPa 的压力压入胶黏剂，当排气孔出现浆液后停止加压，并用封边胶封堵，再以较低压力维持 10 min 以上。

该工序所用主要设备有加压固定及卸荷系统、腻刀、手套。

（6）检验

检验时可用小锤轻击粘贴钢板，从音响判断粘贴效果，也可采用超声仪检测。若锚固区有效黏结面积少于 90%，非锚固区有效黏结面积少于 70%，应剥离钢板，重新粘贴。锚栓的植入深度应符合设计要求，钻孔深度偏差不应大于 5mm。目测钢板边缘的溢胶色泽应均匀，胶体应固化。钢板的有效黏结面积应不小于 95%。钢板的有效黏结面积可采用以下三种方法检查：敲击检测法、超声波检测法和红外线检测法。

（7）维护

加固后钢板宜采用 20mm 厚的 M15 水泥砂浆抹面保护，也可采用涂防锈漆保护，以免钢材腐蚀。

（五）钢板粘贴加固施工要点与注意事项

1. 板粘贴加固施工步骤及施工要点

（1）钢板下料制作及表面清理

1）按设计图纸要求，根据混凝土构件的实际尺寸对钢板进行下料、成型、钻孔（钻孔以混凝土构件上螺栓孔位置为准）。

2）对于未生锈或轻微锈蚀的钢板，可用喷砂、砂纸或平轮打磨，直至出现钢板贴面金属光泽。钢板打磨时，粗糙度越大越好，打磨纹路尽量与钢板受力方向垂直。钢板打磨后用脱脂棉沾丙酮擦拭干净。

3）对于大面积锈蚀的钢板，可先用适度盐酸浸泡 20 min，使锈层脱落，再用石灰水冲洗，最后用平砂轮打磨出纹道。

（2）基底处理

表面处理包括加固构件结合面处理和钢板贴合面处理。

对于混凝土构件结合面，应根据构件表面的新旧程度、坚实程度、干湿程度，分别按以下情况处理：

1）对表面有浮油污物的混凝土构件的黏合面，应先用硬毛刷沾丙酮刷除表面浮油污物，后用冷水冲洗；再对黏合面进行打磨，除去厚度 2~3mm 的表层，直至完全露出新面，并用压缩空气吹除粉粒；处理后，若表面凹凸不平，可用高强树脂砂浆修补。

2）对表面已碳化的旧混凝土构件的黏合面，直接对黏合面进行打磨，去掉1~2mm 厚的表层，用压缩空气除去粉尘或用清水冲洗干净，待完全干燥后用脱脂棉沾丙酮擦拭表面即可。

3）对于新混凝土黏合面，先用钢丝刷将表面松散浮渣刷去，再用硬毛刷沾洗涤剂洗刷表面，或用清水冲洗，待完全晾干后即可。

4）对于湿度较大的混凝土构件或龄期在 3 个月内的混凝土构件，因一般树脂类胶黏剂在潮湿的基层上黏结强度会大幅度降低，故除满足上述要求外，尚需进行人工干燥处理。

5）对于露筋的混凝土表面，需用钢丝刷将钢筋表面的锈蚀除去，再剔除松动的混凝土，用清水冲洗润湿，用高强树脂砂浆修补。

6）对于本身空鼓的混凝土构件，应将空鼓处剔除，用清水冲洗润湿，用高强树脂砂浆修补混凝土。

（3）配胶

目前各种结构加固用胶黏剂通常分为主剂、固化剂双组分。将主剂、固化剂两组分别倒入干净容器（容器内不得有油污），用手提电钻搅拌，或采用人工搅拌，搅拌至胶黏剂色泽完全均匀为止。

（4）粘贴

胶黏剂配制好后，用抹刀同时涂抹在已处理好的混凝土表面和钢板贴合面，为使胶能充分浸润、渗透、扩散、黏附于结合面，宜先用少量胶在结合面来回刮抹数遍，再添抹至所需厚度（1~3 mm），中间厚边缘薄，然后将钢板贴于顶定位置。若是立面粘贴，为防止胶黏剂流淌，可加一层脱蜡玻璃丝布。

（5）钢板固定与预压

钢板粘好后，应立即用特制U形夹具夹紧或用支撑顶撑或用膨胀螺栓等固定，并适当加压，以胶液刚从钢板边缘挤出为准。

（6）固化

结构胶黏剂都是常温（20℃左右）下固化，24 h即可拆除夹具或支撑，3 d即可受力使用。若气温低于5℃，应采取人工加温措施，一般用红外线灯或电热毯加热保温。结构胶黏剂固化期中钢板不得有任何扰动。

（7）防腐处理

外部粘钢加固，应按设计要求对钢板进行防腐处理。一般采用刷防锈漆、钢板网抹灰、喷防火涂料、环氧砂浆涂抹等方法对钢板进行保护，并且间隔一定周期进行检查与重处理。

2. 钢板粘贴加固施工注意事项

（1）由于配置好的结构胶发热较大，经常导致结构胶快速固化，所以应用导热较好的容器，每次配胶时不应过多（3~5kg），应及时涂抹，不应间隔太长时间而导致结构胶固化。而且结构胶属于易燃物品，在施工过程中应注意防火。

（2）在涂抹已处理好的混凝土表面和钢板时，在中心轴线位置可以多涂抹些，结构胶厚度在（2~3 mm），然后往两边厚度逐渐减小，在加压挤胶时，有利于胶体均匀分布，避免中心位置形成空鼓或胶体厚度不够。

（3）在放置钢板时，应快速倾斜下放，避免胶体流淌和整块钢板整面接触到结构胶而在混凝土上胶体和钢板胶体之间由于空气的阻断而产生空鼓。

（4）在加压时，最好在钢板面上放置压条，然后再每间隔500 mm位置上置上夹具，加压时夹具两边应同时施力，且间隔一个夹具加压，然后再把剩余夹具进行加压，这样可以避免沿钢板纵向交替不均。

（5）处理端部锚固时，对于有使用U形套箍的，首先应注意U形锚固环下料时应精确，避免过大造成结构胶厚度过厚导致黏结强度下降，或过小造成锚固环套不上；其次加压时最好在锚固环开口处打上膨胀螺栓进行加压。

五、粘贴碳纤维复合材料（FRP）加固

现代复合材料以20世纪40年代碳纤维增强复合材料CFRP(Carbon Fiber ReinforcedPolymer/Plastic)（玻璃钢）的出现为标志。目前，各国已研发出具有各种优异性能的聚合物基复合材料，包括玻璃纤维、碳纤维、芳纶纤维等增强复合材料。在航空航天领域、现代国防工业中FRP首先得到发展、应用。在民用工业如机械工业、交通运输、建筑工业以及生物医学、体育等领域，FRP由于其优异性能而得到广泛应用。

粘贴碳纤维复合材料（FRP）加固法是采用黏结剂将 FRP 粘贴在钢筋混凝土结构物的受拉区或薄弱部位，使之与结构物形成整体，从而提高受弯构件承载能力的加固方法。在采用碳纤维布等纤维复合材料加固混凝土梁式桥时，纤维片材因纤维排列方向不同而使各方向拉伸强度不同，纤维方向与受力方向相同时，其拉伸强度最高；反之，纤维方向与受力方向垂直时，其强度最低。因此，在用纤维片材进行加固设计中，必须正确掌握纤维的布置方向。

（一）碳纤维复合材料加固机理

工程材料的进步及新材料的出现，历来是土木结构工程发展的先驱和动力。碳纤维材料的出现和成功应用于土木工程的加固与补强上，使土木工程加固技术研究更上一个台阶。碳纤维是一种新型建材，因其质轻、耐腐蚀、片材很薄、抗拉强度高而被广泛应用。碳纤维布（片）加固法亦被视为梁式桥加固补强、提高承载能力，尤其是当高度受限制时的首选加固方法，其施工工艺也很简单。适用于钢筋混凝土受压柱，提高延性、耐久性的加固；亦可用于梁、板的加固。

与传统的其他加固方法相比，将抗拉性能优良的碳纤维布用粘贴材料粘贴到梁体底面或箱梁内壁上，使其与原结构一起受力，即碳纤维布可以与原结构内布置的钢筋一道共同承受拉力，以调高旧桥的承载能力。沿桥梁的主拉力方向（或与裂缝正交方向）粘贴碳纤维布，两端分别设置锚固端，据此可约束混凝土表面裂缝，防止裂缝再扩展，从而达到提高构件抗弯刚度、减少构件挠度、改善梁体受力状态的目的。

粘贴碳纤维复合材料加固法适用于梁、板的加固，可提高梁、板的承载力，对刚度的提高效果相对较差；亦可用于加固钢筋混凝土受压柱，以提高其承载力、延性、耐久性等。适用范围如下：

（1）原构件受拉主筋或腹筋配筋不足的梁和板，抗弯、抗剪加固效果较为显著。

（2）原构件受拉钢筋严重腐蚀或受损，以致承载力无法满足安全及使用要求。

（3）提高构件的抗裂性，可限制裂缝的发展。

（4）以延长结构使用年限为主要目的的耐久性加固。

（5）混凝土墩柱的抗剪、抗压补强及抗震延性补强。

（二）碳纤维材料与要求

采用粘贴碳纤维片材对混凝土结构加固时，应使用碳纤维片材、配套树脂类黏结材料和表面防护材料。

1.碳纤维片材

碳纤维布的抗拉强度应按纤维的净截面面积计算，净截面面积取碳纤维布的计算厚度乘以宽度。碳纤维布的计算厚度应取碳纤维布的单位面积质量除以碳纤维密度。

碳纤维板的性能指标应按板的截面（含树脂）面积计算，截面（含树脂）面积取实测厚度乘以宽度。

单层碳纤维布的单位面积碳纤维质量不宜低于 $150g/m^2$，且不宜高于 $450g/m^2$，在施工质量有可靠保证时，单层碳纤维布的单位面积碳纤维质量可提高到 $600g/m^2$。碳纤维板的厚度不宜大于 2.0 mm，宽度不宜大于 200 mm，纤维体积含量不宜小于 60%。碳纤维片材的力学性能参照现行国家标准测定。

2. 配套树脂类黏结材料

采用碳纤维片材对混凝土结构加固时，应采用与碳纤维片材配套的底层树脂、找平树脂、浸渍树脂或黏结树脂。

3. 表面防护材料

对已加固完的结构表面应进行防护处理。表面防护材料应与浸渍树脂或黏结树脂可靠黏结。选用的防火材料及其处理方法，应使加固后的建筑物达到要求的防火等级。当被加固的结构处于特殊环境时，应根据具体情况选用有效的防护材料。

（三）碳纤维复合材料加固设计及要点

1. 一般规定

（1）采用碳纤维复合材料加固受压柱时，原构件混凝土强度等级不得低于 C25。

（2）纤维复合材料宜粘贴呈条带状，非围束时板材不宜超过 2 层，布材不宜超过 3 层。

（3）对钢筋混凝土柱进行粘贴纤维复合材料加固时，条带应粘贴成环形箍，且纤维方向应与柱的纵轴线垂直。

（4）加固大偏心受压构件，可将纤维复合材料粘贴于构件受拉区边缘混凝土表面，纤维方向应与柱的纵轴线方向一致。

（5）加固受拉构件，纤维方向应与构件受拉方向一致。

（6）梁的受拉区两侧粘贴纤维复合材料进行抗弯加固时，粘贴高度不宜高于 1/4 梁高。

（7）采用封闭式粘贴或 U 形粘贴对梁、柱构件进行斜截面加固，纤维方向宜与构件轴线垂直或与其主拉应力方向平行。

（8）纤维复合材料沿纤维受力方向的搭接长度不应小于 100mm，当采用多条或多层纤维复合材加固时，其搭接位置应相互错开。

（9）当纤维复合材料绕过构件（截面）的外倒角时，构件的截面棱角应在粘贴前打磨成圆弧面，且圆弧半径满足，梁不应小于 20 mm，柱不应小于 25 mm。对于主要受力纤维复合材料不宜绕过内倒角。

（10）粘贴多层纤维复合材料加固时，宜将纤维复合材料逐层截断，并在每层截断处最外侧加压条，其粘贴形式采用内短外长式。

（11）采用纤维复合材料对钢筋混凝土梁或柱的斜截面承载力进行加固时，其构造应符合下列规定：

1）宜选用环形箍或加锚固的 U 形箍；仅按构造需要设箍时，也可采用一般 U 形箍。

2）U 形箍的纤维受力方向应与构件轴向垂直。

3）一般情况下，梁的中部应增设一道纵向中压带。

2.梁和板的加固

（1）对梁、板进行抗弯加固时，可在纤维复合材料两端设置 U 形箍或横向压条。其切断位置距其充分利用截面的距离不应小于黏结长度。

（2）当纤维复合材料延伸至支座边缘仍不满足黏结长度的规定时，应采取以下锚固措施：

1）对于梁，在纤维复合材料延伸长度范围内至少应设置两道纤维复合材料 U 形箍锚固。U 形箍宜在延伸长度范围内均匀布置，且在延伸长度端部必须设置一道。U 形箍的粘贴高度宜伸至顶板底面。每道 U 形箍的宽度不宜小于受弯加固纤维复合材料宽度的 1/2，U 形箍的厚度不宜小于受弯加固纤维复合材料厚度的 1/2。

2）对于板，在纤维复合材料的延伸长度范围内至少设置两道垂直于受力纤维方向的压条。压条宜在延伸锚固长度范围内均匀布置，且在延伸长度端部必须设置一道。每道压条的宽度不宜小于受弯加固纤维复合材料条带宽度的 1/2，压条的厚度不宜小于受弯加固纤维复合材料厚度的 1/2。

3）当纤维复合材料的黏结长度小于按公式计算所得长度的 1/2 时，应采取可靠的附加机械锚固措施。

（3）对梁、板负弯矩区进行受弯加固时，碳纤维片材的截断位置距支座边缘的延伸长度应根据负弯矩分布确定，且对板不小于 1/4 跨度，对梁不小于 1/3 跨度。

（4）当采用碳纤维片材对框架梁负弯矩区进行受弯加固时，应采取可靠锚固措施与支座连接。当碳纤维片材需绕过柱时，宜在梁侧 1/4 高度范围内粘贴；当有可靠依据和经验时，此限制可适当放宽。板受弯加固时，碳纤维片材宜采用多条密布方案。当沿柱轴向粘贴碳纤维片材对柱的正截面承载力进行加固时，碳纤维片材应有可靠的锚固措施。

（5）采用碳纤维片材对钢筋混凝土梁、柱构件进行受剪加固时，应符合下列规定：

1）碳纤维片材的纤维方向宜与构件轴向垂直。

2）应优先采用封闭粘贴形式，也可采用 U 形粘贴和侧面粘贴。对碳纤维板，可采用双 L 形板形成 U 形粘贴。

3）当碳纤维片材采用条带布置时，其净间距不应大于现行国家标准规定的最大箍筋间距的 0.7 倍。

4)U 形粘贴和侧面粘贴的粘贴高度宜取构件截面高度。对 U 形粘贴形式，宜在上端粘贴纵向碳纤维片材压条;对侧面粘贴形式，宜在上、下端粘贴纵向碳纤维片材压条。

（四）受弯构件加固计算

1.加固受力特点分析

（1）碳纤维布加固混凝土构件，在提高其抗弯承载力时，还可能对抗弯构件的破坏形态产生影响。当碳纤维布用量过多时，构件的破坏形态将由碳纤维被拉断引起的破坏转变为混凝土被突然压碎破坏。与此同时，由于碳纤维为完全弹性的材料，它与钢筋的共同工作会减弱钢筋塑性性能对构件延性的影响。碳纤维布用量过多，构件延性将有所降低。因此，碳纤维布用于钢筋混凝土梁式桥的加固补强时，应根据实际情况合理使用。

（2）用碳纤维布加固的旧桥，一旦发生破坏（如拉断或剥离等脆性破坏）具有突发性，因此其承载力极限状态不能按普通钢筋混凝土的定义，一般应按碳纤维抗拉强度的 2/3 进行抗弯承载力计算。

（3）研究证实，碳纤维布能够提高混凝土梁抗剪承载力，其作用机理与箍筋类似，同时还能明显改善构件的变形性能，增强构件抗变形能力。

2.基本假定

（1）构件弯曲后，截面仍保持为平面。

（2）截面受压混凝土的应力图形简化为矩形，其压应力强度取混凝土的轴心抗压强度设计值;截面受拉混凝土的抗拉强度不予考虑。

（3）极限状态计算时，受拉区钢筋应力取其抗拉强度设计值;受压区钢筋应力取其抗压强度设计值。

（4）达到受弯承载力极限状态时，按平截面假定确定纤维复合材料的拉应变不应超过纤维复合材料的拉应变。纤维复合材料的应力取拉应力与弹性模量的乘积。

（5）构件达到正截面承载能力极限状态时，纤维复合材料与混凝土之间不应发生黏结剥离破坏。

（6）受弯构件的作用荷载效应分为两个阶段受力进行计算。

第一阶段为加固前，作用（或荷载）应包括原构件自重在内的实际恒载及施工荷载。

第二阶段为加固后，作用（或荷载）应考虑包括自重在内的恒载，二期恒载作用及使用阶段的可变作用。作用效应组合系数，按现行规范取用。

（五）加固施工工序

1.加固梁式桥施工工序

（1）施工准备

认真阅读设计施工图，然后根据施工现场和被加固构件混凝土的实际情况，拟订施工方案和施工计划。最后对所使用的碳纤维片材、配套树脂、机具等做好施工前的准备工作。

（2）表面处理

清除被加固构件表面的剥落、疏松、蜂窝、腐蚀等劣化混凝土，露出混凝土结构层，并用修复材料将表面修复平整。然后按设计要求对裂缝进行灌缝或封闭处理。把被粘贴的混凝土表面打磨平整，除去表层浮浆、油污等杂质，直至完全露出混凝土结构新面。转角粘贴处应进行导角处理并打磨成圆弧状，圆弧半径不应小于20mm。混凝土表面应清理干净并保持干燥。

（3）涂刷底层树脂

该工序用于渗透混凝土表面，促进黏结并形成长期持久界面的基础；油灰用于填充整个表面空隙并形成平整表面，以便使用碳纤维片材浸渍树脂或黏结树脂，前者用于碳纤维布粘贴，后者用于碳纤维板粘贴。按产品生产厂家提供的工艺规定配制底层树脂。采用滚筒刷将底层树脂均匀涂抹于混凝土表面。可以在底层树脂表面指触干燥后，尽快进行下一工序的施工。

（4）找平处理

按产品生产厂家提供的工艺规定配制找平材料。对混凝土表面凹陷部位用找平材料填补平整，不应有棱角。转角处应采用找平材料修理成光滑的圆弧，且其半径不应小于20mm。可以在找平材料表面干燥后，尽快进行下一工序的施工。

（5）粘贴板纤维片材

1）粘贴碳纤维布

按设计要求的尺寸裁剪碳纤维布；按产品生产厂家提供的工艺规定配制浸渍树脂，并均匀涂抹于粘贴部位；将碳纤维布用手轻压放在需粘贴的位置，采用专用的滚筒顺纤维方向多次滚压，挤出气泡，使浸渍树脂充分浸透碳纤维布，滚压时不得损伤碳纤维布；多层粘贴时重复上述步骤，并宜在纤维表面的浸渍树脂指触干燥后尽快进行下一层粘贴；在最后一层碳纤维布的表面均匀涂抹浸渍树脂。

2）粘贴碳纤维板

按设计要求的尺寸裁剪碳纤维板，并按产品生产厂提供的工艺规定配制黏结树脂；将碳纤维板表面擦拭干净至无粉尘。当需粘贴两层时，底层碳纤维板的两面均应擦拭干净；擦拭干净的碳纤维板应立即涂刷黏结树脂，树脂层应呈突起状，平均厚度不应小于2mm；将涂有黏结树脂的碳纤维板用手轻压贴于需粘贴的位置。用橡皮滚筒顺纤维方向均匀平稳压实，使树脂从两边挤出，保证密实无空洞。当平行粘贴多条碳纤维板时，两条板带之间的空隙不应小于5mm；需粘贴2层碳纤维板时，应连续粘贴。当不能立即粘贴时，在开始粘贴前应对底层碳纤维板重新进行清理。

（6）表面防护

防紫外线辐照、防火和保证防护材料与碳纤维片材之间有可靠的黏结。施工宜在5℃以上环境温度条件下进行；环境温度低于5℃时，应使用适用于低温环境的配套树脂或采用升温处理措施。在表面处理和粘贴碳纤维片材前，应按加固设计部位放线定位。

（7）检查与验收

碳纤维下片材实际粘贴面积应不少于设计量，位置偏差应不大于10 mm。碳纤维片材与混凝土之间的黏结质量可用小锤轻轻敲击或手压碳纤维片材表面的方法来检查，总有效黏结面积不应低于95%。当碳纤维布的空鼓面积小于10000mm²时，可采用针管注胶的方式进行补救；空鼓面积大于10000mm²时，宜将空鼓处的碳纤维片材切除，重新搭接贴上等量的碳纤维片材，搭接长度应不小于100 mm。碳纤维片材粘贴效果由拉拔力方法进行测定。

2. 采用碳纤维布等纤维复合材料加固梁式桥施工工艺

采用碳纤维布等纤维复合材料加固梁式桥时具体施工工艺及要求如下：

（1）面层处理

1）混凝土表面的劣化层，如风化、游离石灰、脱模剂、剥离的砂浆粉刷层、污物等，必须用砂轮机去除并研磨。

2）用空气喷嘴、砂轮机与毛刷将待补强区的粉尘及松动物质去除，用水洗净后，必须使其充分干燥。

（2）断面修复

1）将混凝土面层的不良部分（如剥落、孔隙、蜂窝、腐蚀等）清除。若有钢筋外露情形，必须先做好防蚀处理，再以强度相等或大于混凝土的环氧树脂砂浆材料修补。

2）裂缝以环氧树脂灌注。

3）裂缝或打除部分若有漏水情形时，应先做好止水、导水处理。修复完成后的高度差应在1mm以下。

（3）表面修整

1）表面平整度凸出部分（小突起等）以切割机或砂轮机将其铲除并使其平滑。凹陷部分（打除部分）以环氧树脂补土或树脂砂浆填补。

2）转角处需研磨至凸角R=20mm（R为曲率半径）以上，凹角则以树脂砂浆填补。

（4）底层涂料涂布

1）将主剂和硬化剂依所规定的配置比放置于拌和桶中，使用电动搅拌机，使其均匀混合（约2min）。一次地拌和量为在可使用时间内的施工量，超过可使用时间的材料，不可使用。

2）以毛刷滚轮均匀涂布，依现场状况决定是否涂布第二道（初干之后）。涂布量随施工面的方向及粗糙的程度有所变化。

3）指触干燥时间为 3~12 d。

4）施工现场空气应十分流通，严禁烟火。施工时必须要穿戴保护装置（如口罩、护目镜及橡皮手套）。

应注意气温在 5℃以下，雨天或空气湿度 >95% 时，不可施工。施工范围的温度、湿度确认后，选用适当的底层涂料。

（5）碳纤维布材的粘贴

1）纤维贴片预先以剪刀、刀依所设计的尺寸大小裁好，依使用量剪裁尺寸、长度在 2m 以内最合适。为防止保管期间内的破损，裁剪数量只裁所需使用的数量。

2）施工面底漆的干燥程度可以指触确认。底漆超过一星期以上时，应用砂轮机磨平。

3）将环氧树脂的主剂（A 剂）和硬化剂（B 剂）依所规定的配比放置于拌和桶中，使用电动搅拌机，使其均匀地混合（约 2min）。一次的拌和量为在可使用时间内的工量，超过可使用时间的材料，不可使用。

4）环氧树脂用毛刷滚轮均匀涂布（涂布在底漆上）。涂布量随施工面的表面粗糙程度会有所变化，转角部分要多涂。

5）强化纤维粘贴于树脂涂布面后，以毛刷滚轮和橡皮刮刀顺着纤维方向用力推平，使树脂浸透并去除气泡，纤维（长向）方向的搭接长度至少要留 10 cm，短向则可不留。

6）粘贴后放置 30min，若纤维有浮出或脱线情形发生时，以滚轮或橡皮刮刀压平修正。

7）单向强化纤维表面再涂布树脂（涂于面层），以毛刷滚轮或橡皮刮刀顺着纤维方向用力推展，使树脂充分浸透和补充。

8）施工现场空气应十分畅通，严禁烟火。工作人员施工时必须要穿戴保护装置。

（6）养护

1）纤维加固施工完成后，待确认指触干燥后，应用塑胶布覆盖，以防止雨淋，同时也应注意覆盖布不要碰触到施工面。

2）覆盖布的养护需要 24 d 以上。

应注意在室外施工时，为了不使雨水、砂、灰尘等附着其上，必须使用塑胶布保护。

（7）涂层保护

完工后表面涂刷耐紫外线涂层或与原混凝土颜色相近的涂层。

六、体外预应力加固

（一）体外预应力加固法基本概念

体外预应力加固是指运用预应力原理，通过增设体外预应力索（包括钢绞线、高强钢筋丝束和精轧螺纹钢筋）对既有混凝土梁体主动施加外力，以改善原结构的受力状况的加固方法。对于钢筋混凝土或预应力混凝土梁板，采用对受拉区施以预加压力的加固方法，可以抵消部分自重应力，起到卸载作用，从而能较大幅度提高梁的承载能力。体外预应力加固法，既可作为桥梁通过重车的临时加固手段，又可作为永久性提高桥梁荷载等级的措施。

体外预应力加固体系主要由预应力钢筋、锚固系统转向块或滑块、水平束减振装置和梁体组成，可用于混凝土简支梁、连续梁及连续刚构桥等的加固。用预应力法加固桥梁结构时，应考虑的主要问题有施加预应力方式方法、预应力损失的估计、减少预应力损失的措施、预应力加固的计算等。

1. 梁体外束加固技术的优点

（1）施工工艺简单。体外束不需要设置结构内部管道，在原有结构上固定预应力束方便、快捷，加固块件的制作质量容易控制，安装张拉方便，所需设备简单、人力投入少、工期短、干扰交通少、经济效益明显。

（2）附加重量小，能够较大幅度提高旧桥承载能力。加固后所能达到的等级与原桥设计标准及安全储备有关，一般情况下可将原桥承载力提高 30%~40%，利于结构的轻便和美观。

（3）对原结构损伤小，可以做到不影响桥下净空，不增加路面高程。

（4）体外预应力束线形简单，预应力损失小，材料使用效率高。

（5）在加固过程中，可以实现不中断交通或短时限制交通，便于检测、检查及维护。

（6）体外预应力加固需要可靠的防腐设计，要限制自由长度以控制振动，防止火灾。

2. 施加预应力常用方法

用预应力法加固钢筋混凝土或预应力混凝土梁板，其加固件一般采用钢杆、粗钢筋或钢丝索等钢材，施加预应力的方法有纵向张拉法、横向张拉法和张拉钢丝束等。纵向张拉法在施加的预应力数值较小时可采用螺栓、丝杆、花篮螺丝等简易拉紧器进行张拉。在施加的预应力较大时，可采用手拉葫芦、千斤顶张拉或电热法张拉。横向张拉法基本原理是在钢拉杆中部施加较小的横向外力，从而可在钢拉杆内获得较大的纵向内力。由于横向张拉外力一般并不很大，采用螺栓、丝杆、花篮螺丝等简易工具即可。钢丝束通常通过锚具用千斤顶进行张拉，如果张拉要求不高，采用撬棍等工具绞紧钢丝绳束亦可产生预拉应力。

3. 预应力损失估计和减少预应力损失措施

预应力损失是影响到预应力加固的适用范围和加固后工作状态的重要问题。预应力损失，由加固件本身和承受加固件作用的结构两方面的变形产生，主要因素如下：

（1）基础徐变和地基沉降；

（2）被加固构件收缩和其他变形；

（3）加固件本身徐变；

（4）加固件节点和传力构造变形；

（5）温度应变。

在预应力加固件使用过程中，由于基础沉降、温度应变、新浇混凝土徐变等具体原因，将产生较大预应力损失，这时，为减少预应力损失、保证加固效果，必须在加固过程中预留构造措施，以便在使用过程中及时调整加固件的工作应力数值。

4. 预应力加固设计特点

（1）在自重很小的情况下，能较大幅度改善和调整原结构的受力情况，提高承重结构的刚度、抗裂性；体外预主力筋布置在构件截面以外，其锈蚀状况便于检查，可以修补或更换；由于体外预应力筋的变形与混凝土截面不协调，力筋的应力沿长度方向分布均匀，变化幅度小，能够有效控制原结构的裂缝和挠度；使裂缝部分或全都闭合；能够控制和调校体约束的应力。

（2）体外预应力筋无混凝土保护，易遭火灾破坏，并要限制自由长度以控制振动；转向和锚固装置因承受着巨大的纵、横向力，比较笨重；对于体外预应力结构，锚固失效意味着预应力的丧失，所以锚具防腐要求高；承载极限状态下体外预应力结构的抗弯能力小于有黏结和无黏结预应力结构；体外预应力结构在极限状态下可能因延性不足产生没有预兆的失效。

5. 预应力加固适用范围

（1）正截面抗弯承载力不足或正截面受拉区钢筋锈蚀。

（2）梁抗弯刚度不足导致原梁挠度超过规范规定，或由于刚度太小导致梁的受拉区裂缝宽度超过规范规定。

（3）梁斜截面抗弯承载力不足。

（二）预应力拉杆加固钢筋混凝土梁板

钢筋混凝土梁/板预应力补强加固一般采用预应力拉杆，常用的拉杆体系有三种：水平预应力补强拉杆、下撑式预应力补强拉杆和组合式预应力补强拉杆。各种拉杆体系的结构和加固原理分述如下：

1. 水平预应力补强拉杆加固法

对于钢筋混凝土或预应力混凝土的 T 形梁或工字梁桥，可采用在梁断面的受拉力，即在梁底下加设顶应力水平拉杆的简易补强方法进行加固。当拉杆安装并通过紧俏钢栓实施横向拉力后，钢拉杆内将产生较大纵向拉力，于是，梁受拉区就受到拉杆顶压应力的作用，梁中受拉应力也就相应减少。从加固原理上看，这种补强加固法可提高梁构件正截面抗弯承载能力，但不能提高支座附近斜截面抗剪承载能力。

2.下撑式预应力补强拉杆加固法

下撑式预应力补强拉杆的加固方法，将水平补强拉杆在接近支座处向上弯起，锚固于梁板支座的上部，弯起点处增设传力构造，再施加预拉应力。在桥下净空许可的条件下，可采用下撑式补强拉杆法加固梁式钢筋混凝土梁。这种加固法的预应力补强拉杆用钢材做成，拉杆弯起点设立柱，立柱用钢筋混凝土或混凝土做成；立柱一般设在 1/4 跨径的地方，以使预应力加固的斜拉杆与水平线的角度为 30°~45°。

预应力加固件的斜拉杆，装在被加固的 T 形梁腹板左右两侧支座上方的两端。在钢筋混凝土梁上凿开一个安装垫坐的位置，割去一部分梁的钢筋箍和竖钢箍。

第三节　拱桥上部结构加固

一、拱桥加固基本原理

（一）概述

拱桥是我国使用最广泛的桥型之一，在桥梁发展史上具有重要的地位。据统计，目前我国公路桥梁 60% 左右为拱桥，这些拱桥大部分为 20 世纪 70—80 年代建设，设计荷载等级比较低；随着我国经济高速发展以及交通大件运输的需求，这些桥梁发生了不同程度的病害，一些结构性病害甚至危及桥梁运营安全。如何确保低荷载等级桥梁的使用安全和提高桥梁的荷载等级，是桥梁加固工作中的重要问题。

（二）结构受力特点

1.拱桥受力特点

拱在荷载（恒载、活载）作用下，除了承受荷载产生的轴向压力外，还承受荷载产生的弯矩和剪力。由于剪力影响相对较小，所以拱式结构通常被认为是以压弯受力为主的结构。拱式结构以受压为主。在竖向荷载作用下，拱桥产生水平反力，造成墩台基础竖向沉降及水平位移，墩台的位移往往引起主拱受力体系产生较大的位移附加应力，使得压力线和拱轴线发生偏离，造成拱轴截面偏心受压。当偏心距大于限值时，拱圈将有可能开裂破坏。拱式桥梁主拱圈结构受力状况由三个要素决定，即荷载（活载、恒载）作用产生的内力（轴力、弯矩）。主拱圈截面的面积、抗弯惯性矩和抗弯截面模量等几何特性，以及主拱圈材料的自身强度。当车辆荷载增加、超限、超载车辆行驶，对桥梁引起的内力超过主拱圈材料强度的允许范围时，势必造成主拱圈受拉部位开裂破损、承受力下降甚至成为危桥；或者随着运营年限增加，各种因素作用导致材料性能恶化、强度降低，也将造成原桥承载力下降，成为危桥。

2.加固后拱桥的二次受力特性

加固后拱桥属于二次受力结构。加固前原结构已有荷载作用（第一次受力），内部存在一定的应力和形变；而加固一般是在未卸载或未完全卸载的条件下进行，新加的加固（增强）部分（以下简称"加固层"）在自身强度形成之后，才开始参与承担后来的新增荷载（如活载）。因此，加固层的应力和应变均滞后于原结构。

（三）加固基本原理

拱桥梁加固方法和技术，归纳起来为从外因和内因两个角度对桥梁结构进行加固补强。

1.从外因角度（通过结构的性能改变提高拱圈的承载力）

（1）增大主拱圈截面面积，增加主拱圈的抗弯刚度。

对拱圈采用喷射混凝土、现浇混凝土、外包混凝土等加固方法，都是属于此类加固技术和方法。采用增大拱圈截面的方法加固，其目的如下：在荷载等级不变的前提下减小拱圈截面的拉应力；当荷载等级增加时，使拱圈截面承受的拉应力，保持在拱圈材料性能承受范围内，从而达到加固拱圈、提高承载力的目的。

（2）增加拱圈的强度，降低主拱圈的轴力。

对拱圈采用环氧树脂砂浆（胶浆）粘贴钢板、钢筋、玻璃钢、碳纤维布和芳纶纤维布等高强度材料，增加拱圈的强度都是属于此类加固方法和技术。采用增加拱圈强度的方法加固，其目的在于增加拱圈的强度，使荷载在拱圈上产生的拉应力小于补强材料的强度，从而达到加固主拱圈，提高承载力的目的。

2.从内因角度（采用改变结构体系、减轻拱上建筑恒载重量提高拱圈的承载力）

（1）改变结构体系，减小主拱圈的内力。

采用梁拱结合共同受力的方式，将原桥重力式拱上建筑改为轻型的桁架或钢架或减轻拱圈承受的恒载重力，减小了拱圈上拉应力，从而达到加固主拱圈、提高承载能力的目的。

（2）减轻拱上建筑恒载重量，减小主拱圈的内力。

采用减轻桥面系自重和减轻拱上建筑自重，减小拱圈承受的恒载内力，达到提高拱桥承受活载的能力的目的。

综上所述，拱桥加固的根本目标之一是减小拱圈上的拉应力。对于抗压性能极好的圬工或钢筋混凝土拱桥，减小了主拱圈的拉应力，也就意味着提高了主拱圈即原桥的承载能力。随着科学技术的不断进步和发展，将有更多的桥梁加固新材料、新技术不断地涌现和问世，促进拱桥的维修、养护、加固和技术改造。

二、增大截面加固方法

当因断面不足或施工质量不佳、墩台地基沉降、桥梁长期超载运营等引起拱圈开裂和变形时，可采用增大拱圈截面的方法加固。最常用的方法是用钢纤维混凝土、钢筋混凝土、钢筋钢纤维混凝土，或钢筋钢丝网钢纤维混凝土（简称"三钢混凝土"）加大主拱圈的厚度；也可用钢筋混凝土外包石拱桥、双曲拱桥的拱肋截面，或用预制拱肋加固桁架拱等。

（一）主拱圈下缘增大截面加固法

实腹式拱桥存在实腹段。拱圈截面承载力不足时，如果采取拆除拱上实腹部分加固主拱圈拱背难度大，费工、费时、费用高，需要中断交通。在桥下净空容许或根据水文资料桥下泄水面积容许压缩时，可在原拱圈下面喷射钢筋网混凝土或紧贴原拱圈下面浇筑钢筋混凝土新拱圈进行加固。

该方法不用开挖拱上填料，具有不中断交通的优点；但是施工难度较大，应特别注意新旧拱圈的密切结合。为了增强新老拱圈之间的连接强度，需要在拱腹植入错筋等措施。在设计时，应验算墩台能否满足加固要求；必要时，必须增大墩台尺寸。

1. 钢筋网混凝土拱圈内壁喷固法

该方法在主拱圈拱腹，按一定间距钻孔设置锚杆，再在锚杆上焊接或绑扎钢筋网，然后喷射混凝土加固。喷射混凝土的厚度，按结构受力需要确定。

目前，通常采用的错杆为高强膨胀锚栓。条件受限，没有膨胀锚栓时，亦可采用传统的钢筋砂浆锚杆或锲缝式金属锚杆。砂浆锚杆由于需要灌浆施工存在一定难度。此外，还可采用聚酯树脂锚杆、膨胀锚栓等锚杆形式。

喷锚加固施工工艺如下：

（1）先去除剥落、松散的表层，并用水冲洗干净。若有裂缝存在，可采用前述修补裂缝方法，先对裂缝进行修补和处治。

（2）钻错杆孔、安装锚杆、布设钢筋网。按照提高承载能力的需要，在主拱下缘布设钢筋网。通常是按一定间距设置错杆，将钢筋沿桥的纵横方向焊接到锚栓上构成钢筋骨架，钢筋网的作用在于承受拉应力、提高喷护层强度、传递温度应力、减少收缩裂纹、加强喷射混凝土的整体性等。

（3）喷射混凝土。喷射混凝土层的厚度根据设计需要确定，每次喷护厚度不宜超过 5~8cm；若需加厚，应反复多喷几次。受喷混凝土时间应视水泥品种、施工时间的气温和速凝剂掺量等因素而定。

2. 钢筋混凝土复合拱圈加固法

钢筋混凝土复合拱圈（肋）加固实腹式石拱桥技术主要针对实腹式拱桥的主要承

重构件拱圈，适用于实腹式拱桥因拱石风化、砂浆脱落、拱圈开裂或拱圈发生不可恢复的永久性变形导致的结构承载力不足等情况下的拱桥加固与增强。采用增设钢筋混凝土复合拱圈（肋）技术加固后，可较大幅度提高拱圈的强度、刚度和承载力。

该加固技术通过在原拱圈拱腹和两侧面增设一层钢筋混凝土加固层，或仅在原拱圈拱腹增设钢筋混凝土拱板形成复合拱圈。通过复合拱圈的协调变形，共同作用来承担后期荷载，达到增大拱圈刚度与强度、提高桥梁承载力的目的。

新增混凝土加固层和原石砌体结构层之所以能够形成复合主拱圈主要是由两种材料之间的黏结作用以及锚杆的锚固作用；同时，两种材料的线膨胀系数很接近，在温度升高或降低情况下两结构层能切协调变形，界面层不会产生大的应变差，界面间由此而产生的剪应力也较小。

此外，由于混凝土的弹性模量比石砌体的弹性模量大，因而混凝土加固层能够分担更多的荷载，充分发挥了加固层材料的强度。加固后由于钢筋混凝土附加拱圈的作用，使原主拱圈表面裂纹变为内部裂纹。

加固层和原结构层能够协调变形，共同作用，则加固部分才能为原结构承担一部分后期荷载，从而起到加固的效果。因此，加固层和原结构层的界面连接处理和保障措施成了加固工程成败的关键。有效的连接处理措施，使界面之间荷载的传递更加充分、顺畅，最终确保加固效果。

采用增设钢筋混凝土复合拱圈（肋）技术加固后，在原拱圈与加固层之间的界面上就能传递剪应力；剪应力由两个结构层的黏结力（混凝土、砂浆和原砌体之间的胶着力）、界面之间的摩阻力承担。因此，加固过程中对原拱圈的凿毛处理也能够增大界面层的摩阻力；锚杆的安设增强了加固层和原结构的连接，提高了两者之间的协调变形能力。由以上分析可知，加固层和原结构能够协调变形，共同承载。

增设复合钢筋混凝土拱圈加固技术的锚杆锚固技术，是基于岩土锚固技术的锚固理论及植筋技术中的黏结锚固机理和荷载传递理论。锚杆所起的主要作用：首先，是挂设纵、横钢筋网；其次，是加强新、老结构层的黏结。锚杆从抗拔和抗剪两方面的力学性态来增强加固层与原结构层的黏结强度，保障复合拱圈的整体性。

具体做法与上述喷固法相似，在采用以上清理和维修处理措施后，再在原拱圈下绑扎钢筋网；在正确位置搭架、支模、固定后，浇筑混凝土形成新拱圈。为加强新旧拱圈的连接强度，可在混凝土中掺加一定膨胀剂，加强养生工作。

根据实版式拱桥的病害严重程度以及原拱圈的宽度，该加固技术分为增设钢筋混凝土拱板加固技术和增设钢筋混凝土板助加固技术。对于原桥技术等级较高、情况较好和主拱圈宽度大于等于 9m 的实腹式拱桥（根据实际需要），可以考虑采用增设钢筋混凝土板肋加固技术。

（二）主拱上缘增大截面加固法

1. 局部增大截面加固法

绝大多数无铰拱桥主拱圈的拱脚是荷载作用下内力最大的控制截面，按照结构受力的需要，无铰拱的主拱圈本应设计为变截面形式，但施工难度较大。为了方便施工，绝大多数拱桥都是以拱脚为控制截面，采用等截面形式。因此，在荷载作用下，除拱脚外其他截面一般情况下都有不同程度的冗余。通常情况下，在拱脚截面及其附近也是病害多发区。基于上述原因，对绝大多数空腹式拱桥，为了方便施工、减少加固费用，可采用在主拱圈上缘局部增大主拱圈截面的加固方法，以提高原桥的承载能力。

采用该方法加固拱圈的施工要点如下：

（1）清除主拱圈拱背上面的破损部分和风化层，再凿毛、清理干净。

（2）按一定间距钻孔，植入锚固钢筋后布设纵、横向钢筋网。钢筋的直径，根据结构受力需要确定，最小直径应不小于 12 mm。

（3）浇筑混凝土，混凝土强度不得低于 C30。一般情况下可采用普通混凝土，当拉应力较大时，或大跨径拱桥应采用钢纤维混凝土浇筑，以提高承受拉应力的能力；必要时，还可在钢筋网上铺设高强钢丝网，采用钢筋、钢丝网、钢纤维复合增强混凝土（也称三钢混凝土）增强加固层的结构性能，提高拱桥加固后的承载能力。

2. 全拱加固法

如果拱桥病害严重或承载力显著不足，采用局部增大截面法已不能满足要求。为了提高结构的承载能力，在对拱圈缺陷和病害进行处治后，可采取拆除拱上建筑，在全拱浇筑一层钢筋混凝土，以增大截面的方法进行加固补强。采用轻型梁式拱上建筑，取代实腹拱或拱式重力式腹拱，提高综合承载能力。

全拱加固法施工工艺如下：

（1）如原拱圈有开裂、损坏等病害，应对主拱圈进行修复、补强。

（2）对称、均衡和分步拆除原桥拱上建筑。需要强调的是，拆除拱上建筑时，宜从两拱脚对称向跨中进行，并保留拱顶一定范围内的填料，直到两侧拆除完毕后才最后拆除，以防止主拱"冒顶"造成主拱圈开裂甚至坍塌。

（3）在全拱浇筑钢筋混凝土加固层。浇筑混凝土时也应按照对称、均衡加载原则进行。

（4）对称、均衡砌筑拱上建筑和桥面系。

全拱加固法，需预先设计好加固卸载、加载程序，严格按设计规定程序进行施工，施工烦琐、难度大、工程造价高，需较长时间中断交通，通常较少采用。

（三）加固计算步骤

1. 轴心受压构件正截面加固（略）

2. 偏心受压

采用增大截面法加固偏心受压构件的主要目的是增强构件的刚度、稳定性及强度。加固偏心受压构件最适合采用增大截面法。增大截面时应主要增加偏心力方向的尺寸，以有效地增大构件抗弯刚度。同样假设截面应变分布符合平截面假定，以及不考虑混凝土的抗拉作用，通过必要的设计及施工措施，保证增大截面后，新、旧混凝土黏结可靠、变形协调一致。

钢筋混凝土矩形截面偏心受压构件，可采用在原构件截面的单侧加厚和两侧加厚的增大截面加固法。

对于加固后偏心受压构件，还应按轴心受压构件复核垂直于弯矩作用平面的承载力。此时不考虑弯矩作用，按第二阶段作用轴心受压构件计算。

3. 钢筋混凝土矩形截面偏心受压构件应力（应变）计算

采用增大截面法加固钢筋混凝土偏心受压构件正截面承载力计算，第一阶段荷载作用下原构件截面受压较大边缘混凝土应变及受拉边纵向钢筋应变的计算方法是以混凝土构件弹性理论为基础。

三、粘贴钢板加固方法

（一）加固原理及优点

在荷载作用下拱圈产生拉应力，如果超过其材料强度，将导致拱圈开裂破损，承载力削弱至拱圈坍塌。除了采用增大截面法加固的途径外，还可在拱圈的受拉区段粘贴钢板、钢筋或玻璃纤维布（玻璃钢）、碳纤维布、芳纶纤维布等高强材料，以增加拱圈的强度，提高桥梁的承载力。

粘贴钢板法，对石拱桥、钢筋混凝土拱桥等各类桥型的拱式桥梁均适用。由于钢材强度远远高于原拱圈基材的强度，而且粘贴面的大小可根据结构受力状况全拱圈宽度粘贴亦可间隔分段粘贴。因此，该法是拱桥中较常采用的加固方法。加固设计时，加固用钢板一般设在拱圈的受拉部位；可按拱圈受拉开裂强度估算补强钢板（或钢筋）的配置数量，补强范围宜沿整个负弯矩区或正弯矩区导致截面出现拉应力的范围，并向外延伸 1~2 m。粘贴用钢板的厚度，一般为 5~10 mm；为便于钢板沿拱腹线成型，钢板不宜太长、可分段粘贴，每段长度 1.2~1.5 m，接头处搭接钢板或锚缝。钢板在工厂按设计要求加工成型，并沿粘贴面设置一定数量的膨胀锚栓，在环氧砂浆初凝前对钢板加压和固定，保证钢板与拱圈的粘贴效果。粘贴钢板加固拱桥的施工工艺与梁桥的施工方法基本相同，可参照前述。

（二）加固计算原则

粘贴钢板加固法一般用于加固拱桥的受拉区段，其目的主要是增强其抗拉能力。拱圈为压弯构件，因受压区界限高度的不同又分为大、小偏心。粘贴钢板加固拱圈一般适用于大偏心受压构件。

（三）加固施工工艺及要点

1. 在钢板上钻灌胶孔和排气孔。

2. 表面处理要点如下：

（1）钢板表面除锈至发光，再做粗糙处理，纹路与受力方向垂直，然后用酒精或丙酮棉纱清洗钢表面除油。

（2）打磨混凝土表面除去表面风化层，找平冲洗烘干。

3. 钢板密封要点如下：

1）配制密封胶，每次配胶量不宜超过 500 g，在 30 min 内用完，以免浪费。

2）用密封胶密封钢板边缘及锚固螺栓。

3）在灌胶孔和出气孔上安装灌胶嘴并用密封胶黏结，密封后约 2 h，即可进行下一步施工。

4. 灌胶要点如下：

（1）在灌胶嘴上安装塑料管，以备灌满时密封。

（2）配制灌注胶，每次配胶量不应超过 500 g，在 2 h 内用完，冬季时间可长些。

（3）将胶液加入灌胶器中。

（4）将灌胶器出口与灌胶嘴相连，加压入灌胶器打开阀门灌胶。

（5）当出气孔有胶液流出时弯折塑料管，用钢丝捆扎，等待下一出气孔胶液流出。

（6）如钢板过长，下一出口很久没有胶液流出，可将灌注口密封后，在下一出气口继续灌注。

5. 注意事项：

（1）粘钢灌注胶必须符合各项技术指标要求，且必须由有资质单位出具的胶体物理力学性质检测报告。

（2）灌胶平均厚度为 2 mm。

6. 钢板焊接要求如下：

（1）施焊前应对所焊钢板进行检查，焊件是否平整，拼接是否密合，缝除、坡口是否符合图纸及工艺要求，并应检查各种焊接设备是否良好，焊接材料是否符合工艺要求。焊剂和焊条在使用前均应烘干，焊剂中的脏物和焊丝上的油漆均应清除。

（2）焊接完毕，应仔细检查焊缝质量。焊缝质量应符合相关技术要求。

7. 钢板防腐要求：先将裸露在外面的钢板表面除锈，再用丙酮或酒精除去油污，然后在钢板表面涂刷底漆一遍、面漆一遍。

四、调整拱上建筑恒载加固方法

（一）加固原理及设计要点

拱桥的主要承重构件（拱圈）的轴线形状，直接影响到拱圈截面内力分布。在拱桥设计中，选择拱轴线的原则是尽可能降低由于荷载产生的弯矩。最理想的拱轴线是和荷载压力线相重合，这样拱圈内只有轴力而无弯矩，以充分发挥圬工材料的抗压性能。然而，拱桥受力除恒载之外还有活载，温度变化、弹性压缩、收缩、徐变等作用，这些影响因素都会在截面上产生弯矩。因而事实上不可能获得这样的拱轴线。相对而言，拱桥恒载比重较大，一般认为拱轴线与恒载产生的压力线（不考虑弹性压缩）相重合，即为较合理的拱轴线。

调整拱上恒载加固技术，是通过调整拱上恒载的办法来调整压力线，目的在于使拱圈的压力线与拱轴线尽可能地接近以减小拱内弯矩内力。在拱桥中，恒载重量通常占有很大的比例，拱圈大部分承载力需用于承担恒载自重。如果能采取有效措施，对拱上建筑进行减载或加载调整，可以有效地改善拱圈的受力状况。对于中、小跨径的石拱桥，特别是对于实腹式圆弧拱桥，拱上填料较厚，更有条件通过调整恒载来达到改善桥梁受力状态的目的。对于大跨径石拱桥，旧危拱桥存在主拱圈开裂，拱轴线偏离设计轴线等病害，拱上恒载在桥梁承受的荷载中占有较大比例，因而可以通过调整拱上恒载，改善原主拱圈的不良受力状态。同时，对空腹式拱上建筑的拱桥，还可充分与较为成熟的钢筋混凝土套箍加固技术相结合，较大幅度提高原桥承载力。

当桥梁承受活载的能力较差，桥梁基础承载力受到限制不能满足加固拱圈和提高活载所增加的承载力要求时，采用减轻拱上建筑自重的方法对拱桥进行改造，可减轻主拱圈的负担；同时，也可以降低对下部构造的要求，该加固方法是一种经济有效的措施。

加固设计前，应精确测量主拱圈实际线形，使实际拱轴线与后期理论计算用拱轴线一致，从而为后期的各项工作的开展奠定良好的基础。加固设计过程中，应对恒载调整各个阶段的全桥内力进行分析；可以采用不同容重的拱上填料，改变拱上填料厚度或者在主拱拱背上增加配重等措施，来改变实际压力线的位置。调整恒载加固时，应当注意拱中轴力减小而恒载弯矩增加造成偏心矩过大的问题，重视在施工时拱圈线形的变化，防止在施工过程中因某些截面受力过大甚至造成桥梁在施工中垮塌。

（二）调整拱上建筑重量的常用方法

1.用轻型拱上建筑取代腹拱式拱上建筑

将旧桥的拱上建筑拆除后，在主拱圈上修建钢筋混凝土钢架或桁架等其他类型的轻型拱上建筑，以减少拱圈承担的恒载，留出承担活载的空间，达到提高原桥承载能力的目的。

必须指出的是，拱圈的受力性能与拱上荷载的分布（压力线形状）及拱上建筑的联合作用有密切的联系。因而采取减轻拱上自重的措施时，必须对拱的受力状况进行详细的计算，包括改造后的运营受力状况，必要时可以考虑拱上联合作用和施工中裸拱的受力状况。以使拱圈获得最佳的受力状况，来确定减轻拱上自重的布局方案、结构类型和施工程序。必须使压力线与拱轴线尽量保持一致，并且要严格按照设计的施工程序进行拱上建筑的拆除和重建，以确保拱圈的安全和均衡受力。如果旧桥的裸拱受力满足不了要求，则应首先加固拱圈，然后再拆除和新建拱上建筑。

2.将腹孔的重力式横墙挖空或改造成钢筋混凝土立柱

拱桥的拱上横墙尺寸一般都比较大，部分横墙也没有设置横桥向小拱，故自重较大。如果将腹拱的重力式横墙挖空，设置横桥向小拱或用钢筋混凝土立柱，取代重力式横墙，可在一定程度上减轻拱上建筑的自重，提高原桥的承载能力。

3.改变拱上填料厚度

部分拱桥特别是双曲拱桥和石拱桥通常采用较厚的拱上填料，尤其是石拱桥中的实腹式拱桥拱上填料的厚度一般都在 1.0 m 左右，甚至多达几米。对此，可降低填料厚度，以实现提高桥梁承担活载的目标。

4.用预制的钢筋混凝土 T 形梁、微弯板或空心板等轻质桥面系代替腹拱体系。通常腹拱式桥面系腹孔的上方全部采用护拱和填料填平后再浇筑桥面系，并有一定区域的实腹段，故恒载自重很大。采用轻型桥面系取代原重型桥面系，取消填料，可以较大幅度减轻恒载重量。

为提高调整恒载施工过程中的安全性，宜做好施工工序的设计。调整恒载过程中，可以采用以下次序：

（1）应对主拱圈的裂缝进行修补。

（2）从拱脚向拱顶对称拆除拱上侧墙，并挖除拱腔填料。若旧拱圈病害较严重，则应先在桥孔下架设拱架支柱拱圈后，再对拱上建筑进行施工。

（3）对卸除恒载过程中拱腹重新出现的裂缝及拱背的裂缝进行修补。

（4）对截面尺寸较小、承载能力不足的拱圈应先加固补强。

（5）重新砌筑空收式或其他较为轻型的拱上建筑。

（6）铺设桥面铺装。

五、改变结构体系加固方法

改变结构体系法是通过改变桥梁结构体系以调整结构内力分布最终实现提高承载能力的加固方法。不同结构体系其受力性能是不尽相同的，通过改变既有结构的体系来改善其受力状况，主动改善原结构受力薄弱截面，以改善和提高桥梁承载能力。采用该方法，需要对原结构进行全面调查，对其承载潜能进行正确评价，用周密、细致和可靠的计算分析确定体系转换的方法和施工工艺流程，以达到加固、增强的目的。

（一）梁拱结合体系加固法

清除拱上建筑及实腹段范围内的填料，然后浇筑钢筋混凝土桥面板或安装预应力混凝土桥面板，并用混凝土将拱上建筑与桥面板相结合，从而加强拱上建筑刚度，使原来单一的拱式体系转化为梁拱体系，使整个体系向拱—梁组合体系转化。

（二）转换桥形加固法

1.将箱板拱、箱助拱等腹式拱桥转换成拱桁结合拱

拆除原拱桥上建筑，将原桥由箱板拱、箱肋拱或拱桥等腹拱式拱桥转换为拱桁结合体系，以减轻拱上建筑重量，并使拱圈主要承受全部活载及活载引起的轴力。拆除拱上建筑时，如旧桥是钢筋混凝土拱，应保留横墙脚钢筋，以便桁架结点固定到主拱圈上。如旧桥是石拱桥或横墙下无钢筋时，应加设一定数量的锚固钢筋，用于锚固桁架的腹杆。桁架腹杆以三角形为宜，它的下结点较少，可减少构造上的困难。

2.将箱板拱、箱助拱、双曲拱和石拱桥转换为钢架拱

当钢筋混凝土拱横墙底座无钢筋，或石拱桥改造为桁架有一定困难时，可将拱上结构改造为钢架拱。计算结果表明，钢架拱在空腹范围内主拱圈的弯矩要比上述拱式桥梁小。

对双曲拱来讲，不仅改善了双曲拱自身的受力状况，同时也减轻了拱上建筑的重量，起到了卸载的作用。从另一个角度来说，加固过程中首先卸载双曲拱桥的拱上建筑，使拱肋截面加大部分能充分参与承担拱上建筑的重量，提高了拱肋截面加大的使用效率，也能提高桥梁的承载能力。

要特别注意使拱受力平衡，防止倒塌。在拆除过程中，必须由跨中对称地向拱脚方向进行。两侧的拆除进度基本一致，应控制在计算许可值的 2 m 范围内。

六、拱桥吊杆更换技术

20 世纪 70 年代国内开始兴建带有吊杆构造的拱桥，目前该类桥梁已相当普及。近年来，国内吊杆拱桥也多次发生事故。其原因很多，有使用维护不当、车祸或人为事故、环境因素等，也可能存在计算理论、设计方法上的失误。这类桥梁的检测和结构损伤诊断与防治工作得到越来越多的关注。自宜宾小南门大桥吊杆断裂垮塌事故以来，吊杆拱桥备受关注，尤其加强了对吊杆的防护及检测力度，以便对病害严重的吊杆及时进行更换，避免此类事故的再次发生。

吊杆是中下承式拱桥十分重要的构件。由于人们对吊杆的防腐、疲劳性能等认识

不足，早些年建成的一些拱桥在使用过程中吊杆出现了锈蚀、破损等一些典型的问题，严重影响了拱桥的耐久性，埋下了安全隐患。随着我国桥梁事业的发展，针对这些问题的工程实践和科学研究正在紧锣密鼓地进行，但是要彻底地解决这些问题仍需时日。对于吊杆出现问题的拱桥，更换吊杆是解除拱桥安全隐患的有效办法。

（一）吊杆病害产生的原因

1. 吊杆破损形式

（1）吊杆防护措施失效

吊杆破损的外在表现为钢丝（索）因受到腐蚀而断裂，其根本原因应归结为防护措施的失效，如吊杆护套破裂等。吊杆护套的破裂直接导致钢丝（索）与空气和水接触，引起腐蚀破坏。

（2）钢丝（索）与下锚头连接处的破损

防护措施不当就会导致下锚头的破损，从而无法保证钢丝（索）与下锚头连接处封闭，不渗漏水。

（3）短吊杆的破坏

短吊杆处于拱肋和桥道系交界附近，自由长度小，抗弯刚度相对较大，在车辆荷载和温度荷载下，短吊杆与桥道系相连节点会随桥道系产生纵向水平位移，引起吊杆倾斜，相当于给吊杆施加了不同程度的周期性剪力作用，极易造成吊杆的疲劳引起破坏。

2. 吊杆破损的原因

引起吊杆损坏的原因很多，归结起来主要有设计构造、腐蚀和疲劳等方面。

（1）构造不合理

其包括吊杆防护构造设计和拱桥构造设计不合理两个方面。早期吊杆采用防护套和灌注砂浆的方法。由于吊杆受到外力反复作用，吊杆内的砂浆出现开裂，一旦空气和水渗入，容易造成吊杆内钢材锈蚀引起断裂；拱桥构造设计不合理，主要体现在桥道系布置与短吊杆方面。由于短吊杆位于拱肋与桥道系附近，在温度变化下桥道系发生伸长或缩短，而变化量最大处恰好在短吊杆附近，具有一定抗弯刚度的短吊杆在外力作用下极易引起破坏。

（2）疲劳破坏

疲劳是造成吊杆失效的主要原因之一，中、下承式混凝土拱桥吊杆的主要受力部位为吊杆内的钢丝（索），吊杆的疲劳问题就归结为钢材的疲劳。吊杆疲劳破坏的影响因素主要有吊杆的位置、吊杆间距、吊杆横截面积、吊杆抗弯刚度、混凝土收缩和徐变等。

（二）更换吊杆施工

吊杆更换，可分为安装临时吊杆、拆除原吊杆和安装新吊杆三个阶段。安装临时吊杆的主要目的是承担原吊杆的荷载。这样即使原吊杆拆除，整个结构的受力也不会发生很大的变化，保证吊杆更换期间桥梁的安全。

在原吊杆的荷载向临时吊杆转移过程中，为了使临时吊杆与原有吊杆之间的荷载能够平稳转换，宜采取逐级卸载的方法。即先张拉完成每级荷载。然后切断原吊杆相应荷载比例的钢丝，切除位置宜选择在桥面附近。重复以上步骤，直到旧吊杆完全制备，从而实现了第一次等效置换。

在安装新吊杆的过程中，要将临时吊杆上的拉力转移到新吊杆上。施工方法与原吊杆拆除时的程序基本一致，不同之处只是临时吊杆的索力是用千斤顶逐级放松的。张拉之前先利用千斤顶对新吊杆进行预紧张拉，然后再张拉新吊杆。张拉步长与拆除旧吊杆时步长一致，同时放松临时吊杆，并使张拉的新吊杆力等于放松的临时吊杆力，直到临时吊杆力全部转移到新吊杆上，从而实现了第二次等效置换。

新吊杆张拉并完全调整到位后，拆除临时吊杆体系，转移到对下一对吊杆的更换。

因此，在吊杆更换过程中存在两次索力等效置换问题。要将索力控制在设计范围之内，如控制不好，会影响结构受力，影响桥面变形，甚至导致桥面开裂。

第四节　桥梁下部结构加固

一、概述

桥梁的承载能力是否满足正常营运的需求，不仅与上部结构有关，也与桥梁重要组成部分的下部结构有关。墩台和基础直接承受上部结构的作用（包括恒载和活载）并传递给地基。下部结构的状况，也直接影响到桥梁的承载能力和正常使用。部分桥梁承载能力的降低和主要病害的产生，就是由于下部结构的病害引起的。因此，在桥梁加固改造工作中，下部结构的加固改造应该引起高度重视。

（一）下部结构加固的前提条件

桥梁下部结构尤其是基础部分，是隐蔽工程且多数处于水下或地下，所以难以直接观察和判断。因此，对于桥梁下部构造的加固改造，无论是加固前的检测与病害原因分析、判断，还是具体的加固设计与加固方法选择，相对于上部构造的加固改造来说难度都可能更大。在针对具体的桥梁下部结构实施加固改造前，首先应在对现场检测资料分析与判断的基础上，确定下部构造是否具有加固改造的价值，然后从加固技术和施工工艺上分析能否实现加固改造的目的。下部结构具备加固改造价值，同时又能实施加固改造施工，是下部结构加固改造的前提，否则，无论是从技术与安全上，还是经济上，都应考虑拆除桥梁、重建新桥的方案。

对于跨河桥梁，应检查基础的被冲刷情况，分析其对桥梁稳定性的影响；考虑基础的埋置深度是否满足要求，还应考虑久经压实的桥梁地基土允许承载力的提高，以及桩底和周边土支承力受摩擦力的提高系数；应分别对墩、台及基础各部位进行强度、稳定性及裂缝宽度验算，并在充分考虑已发现的病害基础上评定其使用功能及承载力。对于技术状况特别差、难以加固改造的墩、台及基础结构，或加固改造的施工工艺复杂、把握性不大的工程，应慎重考虑加固利用的决策。

（二）下部结构的加固方法

桥梁下部结构主要由桥墩、桥台和基础组成。其加固可分为墩台加固和基础加固两个方面。公路桥梁下部结构的各种加固方法的计算、设计和施工要点均与上述章节所述相似。其主要的加固方法简述如下。

1. 盖梁加固方法：施加体外预应力加固，增大截面加固，粘贴钢板或纤维复合材料加固等。

2. 桥墩加固方法：钢筋混凝土套箍加固，粘贴（钢板、碳纤维等）加固，加试（柱）加固。

3. 桥台加固方法：台后加孔减载加固，台后增设拉杆、撑墙或挡土墙加固，钢筋混凝土围墙或钢箍加固。

4. 基础加固方法：扩大基础加固，增补桩基加固，水泥灌浆加固，钢筋混凝土套箍加固。

5. 地基加固方法：换土垫层法加固，水泥搅拌桩加固，振冲碎石桩加固，砂石桩灰土挤密桩加固，强夯法加固等。

（三）下部结构的加固设计

1. 增大基础加固计算应考虑两阶段受力，基底面积应根据现行规范的规定由地基强度验算确定。

2. 增补桩基加固计算应考虑两阶段受力和新、旧桩基支撑条件、桩径等方面的差异。增补桩基数址及群桩基础沉降计算，应根据现行规范规定进行。

3. 基础冲刷加固。

（1）基础的冲刷深度应取现有河床断面计算最大冲刷深度。

（2）拦沙坝顶、底面高程应按实际冲刷深度计算。

（3）桩基承载能力验算应考虑冲刷深度变化的影响。采用抛石防护的桩基，其承载力应计入抛石的负摩阻力。

4. 对未设置防撞设施，可能被撞击的桥梁，应进行防撞验算或专题研究。

5. 下部结构加固后，应对全桥进行整体验算。

6. 当地基强度满足要求而缺陷仅仅表现为不均匀沉降、变形过大时，采用扩大基础底面积的加固方法，主要由地基变形计算加以选定。当基础底部扩大部分的地基承载力不足时，可采取在扩大部分基础下增加一定数量的桩，以提高地基承载力，桩的数量根据地基变形计算来选定。

7. 增补桩基一般与原桩基的直径、长度不同，在同一基础下，可能存在两种以上的形式。由于单桩承担的荷载与该桩的材料性能、桩身的规格尺寸及桩的入土情况等因素有关，而这些因素又综合反映在单桩设计承载力上，因此按单桩设计承载力来分配沉降计算荷载是较合理的。

（四）下部结构的加固要求

下部结构加固前应先处理裂缝、缺陷等病害。当采用预应力加固盖梁、柱、薄壁墩台、空心墩等钢筋混凝土构件时，原构件混凝土强度等级不宜低于 C25；采用其他方法对其进行加固时，原构件混凝土强度等级不宜低于 C15；当桥下净空不足、影响桥梁的安全使用时，可降低被交路路面高程、加高墩台或调整支座垫石厚度。

1. 用钢筋混凝土套箍加固桥梁下部结构时，应满足以下要求：

（1）钢筋混凝土墩台出现环向裂缝时，沿裂缝布置一道套箍，套箍高度不小于 1.5 m，厚度为 250~400 mm。

（2）钢筋混凝土墩台竖向裂缝可用数个套箍加固，每隔一定高度设置一道，其宽度视裂缝分布和宽度而定，其厚度采用 100~200mm。

（3）被加固墩台为圬工结构时，套箍宜与注浆锚杆共同使用，锚杆间距根据墩台结构尺寸确定，一般为 1.5~2.0 m，外露锚具应进行防腐处理。

（4）套箍混凝土强度等级不低于 C25，配筋率不小于 0.4%。

（5）套箍钢筋应与原结构可靠连接。当采用植筋技术时，桥梁主要构件的混凝土强度等级不得低于 C25，其他构件混凝土强度等级不低于 C20；桥梁受力植筋用胶黏剂应采用 A 级胶，仅按构造要求植筋时可采用 B 级胶；采用植筋锚固的桥梁结构，其长期使用的环境温度不应高于 60℃；对处于特殊环境（如高温、高湿、介质腐蚀等）的桥梁结构进行植筋时，除应按国家现行有关标准的规定采取相应的防护措施外，尚应采用耐环境因素作用的胶黏剂。

2. 用支撑梁法加固扩大基础的桥台时，钢筋混凝土支撑梁顶面高程不得高于计算冲刷线。

3. 采用扩大墩台基础加固桥梁下部结构时，若其抗剪承载力不足，应采取增加承台厚度、在重力式桥台两侧加设钢筋混凝土侧墙等措施，有条件时可在台前新基础下增加短桩。

4.采用增补桩基加固桥梁下部结构时，新增桩的构造、布置、间距等应考虑对既有基础的影响。新增桩与旧桩的间距可适当减小。

5.采用基础冲刷加固桥梁下部结构时，应满足以下要求：

（1）浆砌片石铺砌范围：桥墩上游6~8 m，桥墩下游8~12 m。

（2）扩大基础（或承台）底掏空宜采用抛石、铅丝笼等措施防护，其加固高度要达到基础底面以上1.0 m，坡度不大于1∶1。

6.采用加桩加固桥梁下部结构时，可以扩大原来承台尺寸或在原有承台上再加一层新承台，把上部传来的荷载通过新承台传递到新桩。为使上部荷载由墩身很好地传递给新建承台，可在新建承台与既有承台接触范围内，将原承台凿成锯齿状剪力键，设置钎钉；也可采用植筋法连接新老承台，即通过植入的钢筋承接和传导弯矩及剪力，并使新旧混凝土形成有机整体，以达到扩大原承台尺寸的目的。

二、盖梁加固方法

盖梁可采用施加体外预应力、增大截面、粘贴钢板或纤维复合材料等方法加固。

以结构的安全性、耐久性为基本考虑点，以不改变现阶段结构的受力情况为出发点，并结合工程经济性、施工操作难度、加固时间等因素，经过综合比较，确定盖梁加固方案。

三、墩柱加固方法

桥墩的加固可采用的方法有围带加固法、钢筋混凝土套箍加固法、增大截面加固法、钢套管内灌注混凝土加固法、粘贴纤维复合材料或钢板加固法等。

1.围带加固法

墩身发生纵向贯通裂缝，可用钢筋混凝土或钢箍进行加固。如果因基础不均匀下沉引起自下而上的裂缝，则应先加固基础，后采用灌缝或加箍的方法对其进行加固。

2.钢筋混凝土套箍加固法

墩台损坏严重（如大面积裂缝、破损、风化、剥落）时或是粗石圬工及砌石圬工的墩台，一般可用钢筋混凝土"箍套"加固，其尺寸应能满足通过箍套传递所有荷载或大部分荷载的需要。同时，改造墩台顶部，浇筑支承于箍套上新的、强大的钢筋混凝土板代替旧的支承垫石，以使箍套与原结构共同工作。

3.桥墩损坏水下修补加固法

砖石或钢筋混凝土墩台表层出现缺陷，且墩、台身处于常水位下时，可分别根据不同情况采用不同的加固方法。

（1）水深在3 m以下时，可筑草袋围堰，然后将水抽干，当水难以抽干时，则可浇水下混凝土封底后再抽，抽水后以砌石或混凝土填补冲空部位。此种情况的修补，也可不抽水而将钢筋混凝土薄壁套箱围堰下沉到损坏处附近河底，在套箱与桥墩间浇筑水下混凝土以包裹损坏或冲空部位。

（2）水深在 3 m 以上时，以麻袋装干硬性混凝土，通过潜水作业将袋装混凝土分层填塞冲空部位，并应注意要比原基础宽出 0.2~0.4 m。

四、桥台加固方法

（一）支撑法加固

对因墩台尺寸不足，难以承受台背土压力而往桥孔方向产生倾斜或滑移的埋置式桥台，可采用修筑撑壁法进行加固。

对于单孔小跨径桥台，为防止桥台滑移，可在两台之间加建水平支撑，如整跨浆砌片石撑板，或用钢筋混凝土支撑梁进行加固。

（二）增建辅助挡土墙法加固

对于因桥台台背水平土压力太大而引起的桥台倾斜，应设法减小桥台后壁的土压力，可在台背加建一挡土墙，以增强挡土能力。

（三）减轻荷载法加固

筑于软土地基上的桥台，常由于填土较高而受到较大侧向上压力作用，从而使桥台产生前移，以致发生倾斜。此时，一般可更换台背填土，减小土压力，即采用减轻桥台基础所受荷载的方法进行加固。

（四）加柱（桩）法加固

竖向承载力不足时可采用此法。一般可在台前增加一排桩，并浇筑盖梁，以分担上部结构传来的力。打桩或钻孔桩时可利用原桥面做脚手架，在桥面开洞、插桩。盖梁可单独受力，也可连接旧盖梁、旧桩共同受力。

（五）增厚台身法加固

梁式桥台背土压力过大，台身强度不足，桥台向桥孔方向位移时采用此法。可挖去台背填土，加厚台身（桥台胸墙），施工时注意新旧混凝土结合牢固。

五、基础加固方法

（一）桥梁基础存在的问题

桥梁基础分为浅基础和深基础两类。浅基础可分为刚性扩大基础、单独和联合基础、条形基础、筏板和箱形基础。深基础可分为桩基础、沉井基础、混合基础等。

1. 基础沉降和不均匀沉降

对于深基础都是采用嵌岩或埋入地下较深层，则它所表现的沉降或位移在施工中逐级表现，并且在以后使用 1~2 年内达到稳定。除非特殊的外界力（如地震、滑坡等）的作用，一般它们的强度、变形和稳定性都能达到工程要求。浅基础由于埋设浅、结构简单、施工方便、造价较低，是建筑物最常见的基础形式。

在地基压密或软土地基上的桥梁，往往出现沉降特别是不均匀沉降，对桥梁结构产生极大的危害，应加以观测、分析并做好防范工作。

2. 基础滑移和倾斜

（1）基础由于经常受到洪水冲刷而发生滑移，一般与洪水冲刷深度有密切关系。因此，处理基础滑移的关键问题在于如何确定洪水冲刷深度。

（2）河床在种种因素影响下，造成了桥台前临河面地基土层的侧向压力减小，使基础产生侧向滑移。

（3）桥台基础的地基强度弱化、台背高填方路堤，如果处理不当会造成主动土压力过大使桥台前倾或者土体下沉，使桥台台座前移或台顶后仰，导致基础移动、桥台倾斜。

（4）沉井和桩的抗滑移性能较好，但也有滑移和倾斜的可能。

3. 基础底面压力分布异常

刚性基础的底面压力分布与荷载、基础深度、地基刚度分布等有关。基面压力分布不当，将引起基础开裂等病害。

（二）桥梁基础加固方法

墩台基础加固的常用方法有扩大基础加固法、增补桩基（打入桩或钻孔灌注桩）加固法和人工地基（改良地基）加固法等。

1. 扩大基础加固法

扩大桥梁基础底面积的加固方法，称为扩大基础加固法。此法适用于基础承载力不足，或埋置太浅，而墩台又是砖石或混凝土刚性实体式基础的情况。扩大基础底面积应由地基强度验算确定。当地基强度满足要求而缺陷仅仅表现为不均匀沉降变形过大时，是否采用扩大基础面积的方法进行加固，主要由地基变形计算来加以选定。在刚性实体式基础周围加石砌圬工或混凝土，以扩大基础的承载面积。

扩大基础加固法可按下列顺序进行：

（1）通常在必须加宽的范围内先打板桩围堰，如果墩台基底土壤不好时，应做必要的加固。

（2）挖去堰内土壤至必要的深度，以保证墩台的安全。

（3）在堰内把水抽干后铺砌石块（浆砌），或做混凝土基础。

（4）新旧基础要注意牢固结合，施工时可加设连接（锚固）钢筋或插以钢销，以使加固扩大基础和旧基础牢固地结合成一个整体。

（5）立模，浇筑混凝土并养生。对于拱桥，可在桥台两侧加设钢筋混凝土实体耳墙，并将耳墙与原桥台用钢销连接起来，从而达到增大桥台基础面积，提高桥台承载力的目的。加固后耳墙与原桥台连接在一起，因此，既增加了竖向承压面积，又由于耳墙的自重而增加了抗水平推力的摩阻力。

当拱脚前有一定的填土时，可在台前加建新的扩大基础，并可将改建为变截面的拱肋支承到新基础上，新老基础之间用钢销进行连接，有条件新增基础时在台前新基础下增加短桩，以提高桥台的承载力。

2. 增补桩基加固法

在桩式基础的周围，补加钻孔桩或打入钢筋混凝土预制桩并扩大原承台，以此提高基础承载力、增加基础稳定性，这种加固法称为增补桩基加固法。增补桩基础加固法有多种，可在桩基础的周围补加钻孔桩，也可打入预制桩或静压加桩，并扩大原承台，以此提高基础承载力、增加基础稳定性。

通过增设基板（钻孔桩或打入桩）、扩大原承台，墩台部分荷载转至新桩基上。

对单排架桩式桥墩，采用打桩（或灌注桩）加固时，若原有桩距较大（4~5 倍桩径），可在桩间插桩；若原有桩距较小且通航净跨允许缩小时，可在原排架两侧增加桩数，成为三排式的墩柱。当在桩间加桩时，需凿除原盖梁并浇筑新盖梁，将新旧桩顶连成一体。此时，要注意验算盖梁在加桩顶部能否承受与原来方向相反的弯矩，如不能承受，则必须加固原有盖梁或重新浇筑盖梁。加固原有盖梁时，可在盖梁顶部增设钢筋。

当桥台垂直承载力不足时，一般可在台前增加一排桩并浇筑盖梁，以分担上部结构传来的压力。打桩（或钻孔桩）时可利用原有桥面脚手架，在桥面上开洞插桩。增浇的盖梁可单独受力，也可与旧盖梁连接在一起，使旧盖梁、旧桩及新桩一起受力。

对于多跨拱桥，为预防因其中某一跨遭到破坏使整体失去平衡而引起其他拱跨的连锁破坏，可根据情况，对每隔若干拱跨中的一个支墩采取加固措施。其方法是在支墩两侧加斜向支撑，或加大该墩截面，使一跨遭到破坏时，只影响若干拱跨而不致全部毁坏。由于受桥下净空影响，拱桥桥墩的加桩可采用静压加桩方法。

增补桩基加固墩台基础的优点是不需要抽水筑坝等水下施工作业，且加固效果显著。该方法的缺点，是需搭设打桩架（或钻孔架）和开凿桥面，对桥头原有架空线路及陆上、水上交通均有一定的影响。

六、地基加固方法

（一）概述

桥梁结构是通过桥梁基础与地基共同作用来承担桥梁结构的上部荷载。当桥梁结构地基的承载力不足或沉降过大不能满足要求时需要进行地基加固处理。地基加固技术从其原理来说可以分为两大类：一类是提高土体的密度；另一类是用其他材料来代替软弱土，或掺和其他材料打入土体中。

提高土的密度是地基加固最古老的一种方法，有时也是最经济有效的一种方法。当压密土体不能达到预期的加固效果时，用其他材料代替软弱土（如换上垫层法、石灰桩、水泥搅拌桩等）就是必要的手段。

（二）常规地基处理方法

1. 换土垫层法

此方法的主要作用是提高地基承载能力，减少桥梁上部结构的不均匀沉降，适用于浅层软弱地基及不均匀地基的处理。

2. 水泥搅拌桩法

此方法主要适用于处理淤泥，淤泥质土、粉土、砂性土、泥炭土等各种成因的饱和软黏土，含水率较高且地基承载力标准值不超过 120kPa 的黏性土地基，其可以最大限度地利用原状土的承载力。水泥搅拌桩可以形成防渗帷幕，并具有施工工期短、无公害、成本低等优点。

3. 振冲碎石桩法

此法适用于处理砂土、粉土、粉质黏、索填和杂填上地基。其桩体与原来的软土组成一个整体，共同承受外部荷载。采用碎石桩加固地基可以提高地基承载力，减小地基沉降。因为碎石桩本身的抗剪强度大于软土的抗剪强度，同时软土与碎石桩合成的混合体，其抗剪强度增大，从而使地基整体的抗剪性能得到显著提高。另外，由于碎石桩的透水性较好，因此地基的排水性能得到显著改善，这为加速软土地基固结、减小桥梁地基工程沉降提供了重要的条件。

4. 砂石桩法

此法主要适用于砂土及素填土、杂填土地基，是利用桩的挤密作用和在施工中的振动作用，使桩周围土的密度增大，从而使地基的承载能力提高、压缩性降低。砂石桩，在松散砂土和粉土地基中的作用可以概括为挤密作用、振密作用、抗液化作用；在黏性土地基中的作用可以概括为置换作用、排水作用。

当软弱地基层较厚时，可用砂桩法改善地基的承载能力。施工时，将钢管或木桩打入基础周围的软弱土层中，然后将桩或管拔出，在形成的洞内灌入干燥的粗砂、砾砂，然后捣实，形成砂桩，达到提高地基土密实度的目的。在含水饱和的砂土或粉砂土中，由于易坍孔，灌砂困难，可采用砂袋套管法与振冲法来加固地基。

第五节　桥梁加固实例

一、实例一——桥梁搭板维修加固

（一）概述

某大桥桥梁全长 306.951 m，上部结构为 10×30 m I 型组合梁，下部结构采用多柱式墩，埋置式台，基础为灌注桩。大桥为双向四车道，分幅布置，桥梁宽度 28 m，单幅设置 5 片 I 型梁，为正交桥梁。桥梁采用组合桥面板，其中下层为 4 cm 厚预制板（兼做底模），其上浇筑 16 cm 厚整体现浇混凝土；桥面铺装采用沥青混凝土铺装，厚度 9 cm。

右幅 0° 桥台伸缩缝处，出现桥梁间板塌落病害，面积约 1m²。该桥上部结构为 I 型梁。该病害已经严重危及道路行车安全，随即封闭交通（病害所处的行车道和硬路肩）。为保证桥梁的运行安全，对桥梁实施应急抢修加固。

（二）设计原则

本次维修加固方案设计的原则：使加固后的结构能够满足在原设计荷载标准下的正常安全使用。

（三）事故损伤情况及评估

1.事故损伤情况

搭板局部混凝土松散，破损病害、桥面板破损等。

2.原因分析及损伤评估

（1）本桥采用了预制 I 型梁，组合桥面板结构，其中桥面板下层为 4 cm 厚预制板（兼做底模），其上浇筑 16 cm 厚整体现浇混凝土。该结构当底模与整体现浇层结合不好时，其整体受力能力将受到削弱。

（2）病害发生位置处于梁端部，属于承受车辆冲击荷载较大位置；且根据现场调查，伸缩缝锚固区混凝土与现浇桥面混凝土层内钢筋未连接。

（四）维修加固方案

1.搭板病害消除

首先，对搭板破损、松散的局部混凝土进行凿除（含对应位置伸缩缝锚固区混凝土）并清理后浇筑高强灌浆料进行局部补强；其次，采用 3 层 5cm 厚 SBSAC-13 沥青混凝土进行局部修补（临时方案）；最后，由于本桥位于本年度路面中修范围内，待路面施工时，可铣刨该处沥青铺装后按照中修方案进行重新铺装。

2. 桥面板病害消除

首先，凿除破损桥面板（宽度为两 I 型梁之间范围，并包括对应位置的伸缩缝锚固区混凝土）；其次，安置并绑扎桥面板内钢筋；最后，采用悬吊模板的方式浇筑桥面板混凝土，混凝土浇筑厚度为 29cm，其内设置双层钢筋网。

3. 分段施工

采用本抢修方案，由于需要保持通车，需对行车道和超车道桥面板分次处理（根据现场情况最终确定是否对超车道进行加固）。因桥梁抢修期间不允许中断交通，因此施工期间应加强交通管制和采取必要的安全保障措施。

二、实例二——石拱桥维修加固

（一）概述

某桥梁全长 56 m，桥面全宽 13 m，横向布置为 0.5 m（人行道栏杆）+12 m（行车道）+0.5 m（人行道栏杆）。上部结构类型为 5 m×8 m 石拱桥；下部结构类型为砌石重力式桥墩，砌石重力式桥台；桥面铺装为沥青混凝土结构，无伸缩缝。该桥建成年代较久，设计荷载等级不详。

（二）主要病害

根据现场实际情况。桥梁病害如下：

1. 上部主要承重构件：主拱圈拱脚处均存在渗水侵蚀现象、拱圈砌缝脱落。

2. 拱上侧墙砌缝脱落、部分侧墙损坏严重。

3. 桥面系：桥面铺装存在坑槽、网裂、人行道护栏损坏严重，存在安全隐患。

（三）维修加固方案

依据检测报告和现场调查，需对原石拱桥进行维修加固处理。由于该桥的拱板边缘纵缝贯通且开裂严重，板底渗水病害突出。同时桥面铺装存在多处坑槽、整体性网裂。因此此次加固采用对拱上结构综合处理与加固方案，即重新填筑拱上填料及重新浇筑桥面沥青混凝土铺装，重做拱上防水层，同时对拱板进行加固处理。

加固方案的具体内容和相关要求如下：

1. 铣刨原桥沥青混凝土铺装。拆除原桥人行道护栏，20 cm 厚的拱上填料及侧墙，拆除拱上损坏部分的侧墙。

2. 对拱圈及侧墙砌缝脱落部位重新进行砌缝。对原桥拱板进行检查，对砌缝砂浆脱落部位采用 M15 砂浆重新进行修补。

3. 全桥宽度范围浇筑 20cm 厚水泥混凝土铺装层，水泥混凝土铺装层与原拱上填料之间的空隙用素混凝土填筑，桥面横坡由拱上填料形成。

4. 重做桥面沥青铺装：重新铺设热沥青 + 预拌碎石防水层及 4 cm 厚 AC-13+6 cm 厚 AC-20 沥青混凝土桥面铺装。

5. 重做防撞护栏及泄水管。

（四）施工工序

1. 总施工原则

（1）在桥面系、拱上填料及拱板拆除及加固施工时，应尽量减小墩的不平衡推力，施工时，同一孔桥及孔与孔之间应遵循对称施工原则。

（2）在实施拆除及加固施工时，在拱顶、拱脚及墩顶设置变形监测点，对拆除及加固施工各个阶段的变形情况进行测量记录，发现异常要立即停工，查明原因，并与设计和监理部门进行协商后再行处理，以确保安全施工。

2. 关键工程的施工顺序

（1）拆除桥面系、拱上填料及拱上侧墙

1）桥面系拆除顺序

横桥向：以桥梁中心线为对称线，先拆除全桥半幅范围内的桥面铺装，再拆除全桥另半幅范围内的桥面铺装。

顺桥向：孔与孔之间应由中孔向边孔对称、均衡拆除，同一孔桥顺桥向按由拱顶至拱脚的顺序对称均衡拆除。

2）拱上填料拆除顺序

竖直方向：从上到下分层拆除。

横桥向：以桥梁中心线为对称线，先拆除全桥半幅范围内的单层拱上填料，再拆除全桥另半幅范围内的同一层拱上填料。

顺桥向：孔与孔之间应由中孔向边孔对称、均衡拆除，同一孔桥顺桥向按由拱顶至拱脚的顺序对称、均衡拆除。

3）拱上侧墙拆除顺序

竖直方向：从上到下分层拆除。

横桥向：以桥梁中心线为对称线，先拆除全桥一侧的单层拱上侧墙，再拆除全桥另一侧的同一层拱上侧墙。

顺桥向：孔与孔之间应由中孔向边孔对称、均衡拆除，同一孔桥顺桥向按由拱顶至拱脚的顺序对称、均衡拆除。

（2）对拱圈、侧墙砌缝脱落部位重新进行砌缝

（3）砌筑拱上侧墙

竖直方向：从上到下分层砌筑。

横桥向：以桥梁中心线为对称线，先砌筑全桥一侧的单层拱上侧墙，再砌筑全桥另一侧的同一层拱上侧墙。

顺桥向：孔与孔之间应由边孔向中孔对称、均衡砌筑，同一孔桥顺桥向按由拱脚至拱顶的顺序对称、均衡砌筑。

（4）在拱上填料顶面浇注 20cm 厚的钢筋混凝土铺装层

横桥向：以桥梁中心线为对称线，先浇注全桥半幅范围内的水泥混凝土调平层，再浇注全桥另半幅范围内的水泥混凝土调平层。

顺桥向：孔与孔之间应由边孔向中孔对称，均衡浇注，同一孔桥顺桥向按由拱脚至拱顶的顺序对称，均衡浇注。

（5）重新铺设热沥青＋预拌碎石防水层及 4 cm 厚 AC-13C+6 cm 厚 AC-20 沥青混凝土桥面铺装，施工时注意全桥对称平衡施工。

横桥向：以桥梁中心线为对称线，先浇注全桥半幅范围内的桥面铺装，再浇注全桥另半幅范围内的桥面铺装。

顺桥向：孔与孔之间应由边孔向中孔对称，均衡浇注，同一孔桥顺桥向按由拱脚至拱顶的顺序对称、均匀浇注。

（6）重新设置防撞护栏及泄水管。

横桥向：以桥梁中心线为对称线，先砌筑全桥一侧的防撞护栏，再砌筑全桥另一侧的防撞护栏。

顺桥向：孔与孔之间应由边孔向中孔对称、均衡砌筑，同孔桥顺桥向按由拱脚至拱顶的顺序对称、均衡砌筑。

（五）施工中应注意的问题与相关要求

1. 检查、核对与记录

施工单位在进行维修加固施工前，对病害位置、类型等再次进行检查确认，并详细记录，施工完毕应交于管养单位存档备查。

2. 交通管制

考虑到新浇注混凝土施工及养护期间车辆震动影响混凝土初凝及新老结构的结合效果，在加固施工期间封闭交通并加强交通管制，同时应采取必要的安全措施，确保施工人员及路上行人的安全。

3. 材料质量控制

现场使用的混凝土、砂浆及钢材性能，应按工程项目取样检验。报告资料应齐全，应符合规范的要求。

4.施工质量控制

拆除拱上填料及拱上侧墙、填筑拱上填料、浇注钢筋混凝土现浇层及桥面沥青混凝土铺装施工时,必须按照设计施工顺序,注意全桥对称平衡施工,以确保结构的安全。

三、实例三——钢架拱桥维修加固

（一）概况

某桥于1987年建成通车。该桥原为4m×30m钢筋混凝土钢架拱,矢跨比为1/8。桥梁全长为145.682 m,桥面宽度为23 m,分为左右半幅桥,中间留有2 cm变形缝。拱腿内缘为直线段,实腹段内缘为二次抛物线。桥梁半幅横向布置4片拱片,中心间距为3.1 m。拱片是以横系梁、微弯板及现浇混凝土桥面铺成整体。桥梁下部结构为高桩承台石砌墩台身。近几年对该桥进行了加宽改造,在老桥两侧各加宽9.5 m。新建桥梁上部结构为预制预应力混凝土简支箱梁,下部结构为桩基,柱式桥墩。现桥面总宽为42 m。

最近几年,该桥的钢架拱桥上部结构进行了重建,下部结构进行了维修加固。

随着近年来交通量不断增大,特别是超重车辆的增加,桥梁的技术状况和服务水平均有所下降。根据检测报告及现场踏勘,桥梁钢架拱的次拱腿、大节点、横系梁、支座、桥梁墩台、桥面铺装等部位出现了不同程度的病害和缺损状况,影响了桥梁使用安全,亟须进行维修加固。

（二）主要病害

依据定期检查报告和现场调查,该桥存在不同程度的病害,其上部结构、下部结构、桥面均发现了影响桥梁安全性和耐久性的病害。其主要病害情况如下:

1.上部结构

（1）左幅桥

1）弦杆

弦杆主要病害:部分内弦杆和外弦杆在靠近节点位置存在横向裂缝,在距离节点1~2 m位置处形成U形裂缝;L-2-1-i外弦杆新增网裂病害;部分外弦杆与桥面板结合面处存在纵向裂缝并伴有渗白。

2）拱腿、拱脚

拱腿、拱脚主要病害:部分拱腿存在顶面和底面的横向裂缝、侧面的竖向裂缝,部分顶、底面横缝延伸至两侧面形成U形裂缝和L形裂缝,在拱脚处存在斜向裂缝和环向裂缝;部分拱腿存在混凝土破损漏筋情况;部分拱脚处存在横向裂缝、L形裂缝、斜向裂缝、环向裂缝,个别位置加固后又开裂。

3）横系梁

横系梁主要病害为：个别横系梁湿接头处混凝土破损，钢筋剪断；部分横系梁湿接头破损露筋，部分横系梁存在竖向裂缝和 L 形裂缝。

4）桥面板

桥面板主要病害为：L-2-1 梁外侧桥面板、2 号墩上方新增混凝土破损 800 cm²。

5）支座

支座主要病害为：部分支座局部脱空、偏位，部分支座垫石受压破损或碎裂。

（2）右幅桥

1）弦杆

弦杆主要病害为：部分内弦杆存在横向裂缝和 U 形裂缝。

2）拱腿

拱腿主要病害为：部分拱腿存在顶面和底面的横向裂缝、侧面的竖向裂缝，部分顶、底面横缝延伸至两侧面形成 U 形裂缝和 L 形裂缝，局部形成网裂；部分拱腿混凝土破损；R-2-1-i 次拱腿新增环向裂缝；部分拱脚处存在横向、L 形裂缝。

3）横系梁

横系梁主要病害为：部分横系梁混凝土破损露筋，梁身存在竖向裂缝和 L 形裂缝；其中 R-4-1-2 上横系梁、R-4-1-3 上横系梁与上次检查相比新出现混凝土破损病害。

4）支座

支座主要病害为：个别支座完全脱空，部分支座局部脱空、偏位，部分支座垫石受压破损或碎裂。

2. 下部结构

（1）左幅桥桥梁墩台

左幅桥桥梁墩台主要病害为：L-0 台帽距 2 号拱片 0.1 m 处、L-1-2-j 主拱腿砼基座、L-1-2-1 拱脚处、拱座处存在竖向裂缝，L-4-2-j 次拱腿底部存在环向裂缝；L-3-1-j 拱脚处墩帽、L-4-2-j 次拱腿基础混凝土破损；L-3 墩外侧面，勾缝脱落、砌石松动。

（2）右幅桥桥梁墩台

右幅桥桥梁墩台主要病害为：R-0 台身、R-4 台身砌缝开裂。

3. 桥面系

（1）桥面铺装

桥面铺装主要病害为：1）桥面沥青混凝土铺装多处网裂，存在多条纵缝、横缝桥面铺，其中，L-1~L-3 跨桥面铺装，距内侧 3.75m 处纵缝基本贯通全桥，长度达到 96m；L-1 跨桥面铺装，距内侧 5~6 m 处纵缝长达 38 m；L-0 桥头搭板距 0 号台 4~7 m 处、L-4 跨桥面铺装距内侧 2 m 处、R-1 桥面铺装距内侧 2.5m 处存在网裂；L-2 跨桥面铺装局部凹陷。2）全桥桥面铺装破损严重，重车通过时振动较大。

（2）伸缩缝

伸缩缝主要病害为：存在混凝土局部破损、橡胶条破损、高低差、杂物堵塞等病害。

（三）维修加固方案

依据检测报告，针对大桥的病害情况制订以下维修加固方案。

1. 弦杆

（1）对存在的裂缝进行灌注封闭处理：

1）裂缝宽度小于 0.2 mm 时，采用表面封闭法进行处理。

2）裂缝宽度在 0.2~1.5 mm 之间，采用静压注射法进行补强。

3）宽度大于 0.5mm 的活动裂缝，宜采用填充密封法进行修补。

对于原裂缝封闭后重新开裂的裂缝，需要打磨干净原有封闭材料，重新灌注封闭。

（2）对混凝土局部病害（如破损、孔洞、露筋、胀裂、剥落等）的处理如下：

1）对面积较小、程度较轻的麻面，采用聚合物水泥砂浆（如聚丙烯酸酯砂浆，即丙乳砂浆）涂刮、抹面修补。

2）对程度较严重的麻面，局部混凝土的空洞、剥离、破损、缺失等，应先清除缺陷混凝土至新鲜混凝土表面，然后采用高强细石混凝土进行补强，最后对表面进行涂刮、抹面。

3）对钢筋露出、锈胀部位，应凿除所有松散的混凝土，一般要到钢筋位置，用丙酮或酒精清洗干净沟槽内表面，在表面涂刷渗透型阻锈剂或环氧树脂涂层进行防腐处理，最后使用丙乳砂浆封闭剔凿后的沟槽。

2. 拱腿、拱脚

（1）对于裂缝处理、混凝土局部病害的处理参见"弦杆病害处理"相关内容。

（2）对裂缝封闭后，采用粘贴碳纤维布法对病害较为严重的次拱腿等结构进行加固补强。加固位置及数量应根据检测报告并现场二次病害确认后确定。

3. 横系梁

（1）对于裂缝处理、混凝土局部病害的处理参见"弦杆病害处理"相关内容。

（2）对于横系梁湿接头钢筋开焊的处理如下：首先，应凿除接头部位破损混凝土，并对锈蚀钢筋进行除锈和防锈处理；其次，对接头部分钢筋开焊的横系梁必须对开焊部位重新进行焊接，要求采用双面焊接，焊缝长度满足要求，必要时应用不小于原预埋钢筋直径的钢筋予以补强；最后，在接头部位支模板浇注混凝土（混凝土强度等级不应低于 C60，可采用高强灌浆料掺入适当细石骨料配置）。

（3）对于横系梁湿接头钢筋断裂缺失的处理如下：对该类病害横系梁进行重做，湿接头处接头钢筋应重新植筋预埋。需要处置的横系梁数量应根据现场实际调查确定，本次维修设计依据桥梁定期检查报告，按 I 型横梁湿接头加固 2 处、I 型横梁湿接头加固 3 处、II 型横梁更换 1 处进行数量统计。

4. 桥面板

对于混凝土局部病害的处理参见"弦杆病害处理"相关内容。

5. 支座

（1）对于支座脱空 <1 cm 的支座采用充填结构胶调平；对于支座脱空 ≥1 cm 的支座首先加垫合适的钢板，然后采用充填结构胶调平。由于支座本身的病害较轻，本次维修暂不处理，桥梁管养部门应加强日常检查。

（2）对破损支座垫石应根据实际病害严重程度分别采取局部维修或重新浇筑的处置方案，需要维修加固的数量应根据现场实际调查确定。

6. 桥梁墩台

（1）对于裂缝处理、混凝土局部病害的处理参见"弦杆病害处理"相关内容。

（2）对于勾缝脱落处采用 M10 砂浆重新勾缝。

7. 桥面铺装

（1）对单一的裂缝进行热沥青灌缝。

（2）对出现网裂、凹陷的沥青铺装，进行局部挖补后用 AC-13（4 cm+4 cm）修补。

8. 伸缩缝

（1）对局部破损的锚固区混凝土进行局部修补。

（2）更换破损的伸缩缝橡胶条，清理伸缩缝内堵塞的杂物。

第五章　桥梁工程施工安全标准化

现代经济的快速发展，促进了我国桥梁工程向结构造型独特、工程技术复杂、工程规模庞大迈进，参与施工生产的人员和设备也随之增多，施工生产的环境由陆地到群山竣谷、深海洋转变，所处环境越来越复杂和恶劣，桥梁施工过程中安全问题也日益凸显。怎样进行有效的安全标准化建设是现代桥梁施工企业面临的首要问题。桥梁施工安全标准化建设的有效实施是保障施工人员安全的重要手段，是保障施工设备安全的关键，是实现施工企业本质安全的重点。科学分析桥梁施工安全标准化建设现状和存在的问题，认真探索实施安全标准化建设的方法和手段，有利于促进桥梁施工安全标准化工作的开展，有利于确保桥梁施工零事故目标的实现。本章内容包括桩基施工、基坑施工、墩柱、盖梁施工、支架现浇施工、移动模架施工、挂篮悬臂施工、预制梁施工、预制梁架设、跨线桥通道安全防护。

第一节　桩基施工

1. 桩机作业区域应平整，采取安全防护措施并设立警示标志，非工作人员未经批准不得入内。

2. 钻机安装时，机架应垫平，保持稳定，不得产生位移或沉陷。每台钻机都应在显著位置悬挂操作规程牌，牌上标明机械名称、型号种类、操作方法、保养要求、安全注意事项及特殊要求等。

3. 护筒埋设宜高出地面或水位一定高度。

4. 泥浆池、水中施工平台周围应设立防护设施和安全警示标志。

5. 挖孔桩施工时孔口不得堆集土渣、机具及杂物，附近不得有重车通过。孔口四周必须搭设防护围栏，围栏采用钢筋牢固焊制。

6. 挖孔桩井孔内必须搭设应急时使用的安全绳和软爬梯，并随桩孔深放长至作业面，不得用人工拉绳子运送作业人员和脚踩护壁凸缘上下桩孔。

7. 跨大河施工时，在进入水上施工作业现场入口处设置值班室；水上作业平台必须配备救生衣、救生圈等救生器材。

8. 在通航或禁航河道施工时，按照河道管理部门要求设置通航、警示标志。夜间作业应有足够的照明并配备夜间警示灯。

9. 附：

（1）泥浆防护池说明：

1）泥浆池四周设置高出地面 0.5m 高、1.0m 宽的土埂。

2）四周设防护栏杆，栏杆高 1.2m、750px 两道，立柱间隔 2m，外挂安全网和彩旗，并设置安全警示标志，黄底红字。

（2）护筒钢筋网盖说明：

1）钻机醒目位置悬挂操作规程牌（1500px，2250px），规程牌上标明机械名称、型号种类、操作方法、责任人、安全注意事项等。

2）施工场地一定范围内设置安全警戒线，醒目位置设置警示标志。

3）孔口护筒采用钢板制作，顶端高出施工水位 1~2m，当处于旱地时应高出地面 0.3m，底端埋深依据情况而定；护筒加设钢筋网盖或木板进行防护。

第二节　基坑施工

1. 基坑深度超过 5m 应有专项支护设计，支护设计及方案经监理工程师批准，基坑施工支护方案要切合实际，能指导施工。

2. 基坑宜在少雨季节施工，顶面应在开挖前做好防水、排水设施。基坑开挖应按规定要求进行放坡，并依据实际情况对坑壁进行加固与支护。

3. 土质松软层基坑开挖必须先进行支护。开挖时，应观测坡面稳定情况，当发现坑沿顶面出现裂缝、坑壁松塌或遇涌水、涌砂时，应立即停止施工，加固处理后，方可继续施工。

4. 基坑深度超过 2m 以上时，坑内应设置供人员上下的爬梯。基坑内作业人员要有安全立足点，垂直作业上下要有隔离防护。

5. 基坑周边防护采取双横杆钢管防护栏，当基坑周边采用板桩时，钢管可打在板桩外侧。防护栏上设置安全警示标志。

6. 基坑开挖出的废渣及时清理运走，周边严禁堆放土石方、机具等荷载较重的物体。

表 5-1　基坑施工危险源辨识及防控措施

序号	危险源项目	可能导致的事故	防护措施
1	基坑防护不到位	人员可能出现摔伤或者掉入坑内	要在四周设置安全防护栏，并设立警示标志，并配备安全的施工爬架
2	坑壁坍塌	施工人员受到伤害	要对基坑支付方案进行审批，结合实际土质情况进行开挖施工，并且要做好排水工作，控制好机械、堆料与基坑的距离

7. 附：基坑施工

说明：

（1）承台基坑挖深超过 1.5m 时，必须根据土质情况放坡或加设支撑。

（2）基坑周边外 0.5m 处设置 1m 高防护栏杆，立柱间距 2m，外挂安全网；基坑旁设置警示牌。

第三节　墩柱、盖梁施工

1. 桥梁墩柱、盖梁施工高度超过 3.0m 时四周必须搭设脚手架，脚手架设计计算书及搭设方案需经过监理工程师的批准。安装脚手架人员必须持证上岗。

2. 脚手架应采用 Φ48 钢管脚手架，脚手架立杆、横杆间距应符合要求，并按规定设置斜向剪刀撑，且四角设置缆风绳。

3. 脚手架搭设地基应密实，设有方木垫板。脚手架搭设应考虑人员上下的爬梯，爬梯设护栏，爬梯的爬升角度不应超过 60°。脚手架的搭设应随同施工进度进行搭设，顶部设不小于 3m² 工作平台，满铺不小于 125px 厚的木板，四周设置护栏外挂安全网。

4. 进入施工现场人员必须戴安全帽，超过地面 2m 以上作业人员必须佩带安全绳，高空作业人员必须经过体检，凡患有高血压、癫痫病等人员不得高空作业。

5. 施工现场桥梁墩柱、盖梁应设置施工标识牌，标识牌大小为 0.7×0.5m，蓝底白字，包括墩台编号、墩高、结构类型、砼等级、施工班组等内容。

6. 附：

（1）危险源辨识及防控措施说明：

1）脚手架搭设满足相关的安全技术规范。

2）采用单管立杆扣件式双排脚手架搭设，钢管直径 Φ48mm。脚手架外侧立面设置剪刀撑，剪刀撑在同一立面上必须封闭，且四面必须同样形成封闭。

3）工作平台四周设置 1.5m 高护栏，外挂安全网；脚手架四角设置防风钢缆绳，与地基锚固牢靠。

（2）脚手架人行爬梯说明：

1）脚手架基础必须夯实平整，排水畅通；每个立杆必须设置钢底座和垫板（木板或砼预制）。

2）脚手架人行爬梯坡度不大于60°，宽度大于2000px，跨步高度不大于1250px，踏板采用双钢管用万向卡卡接，两侧设扶手。

3）剪刀撑斜杆的搭接长度不得小于2500px，等间距设置3个旋转扣件固定，端部扣件边缘至搭接斜杆杆端的距离不小于250px。

（3）盖梁施工平台说明：

1）作业平台四周设置1.5m高防护栏杆，护栏及上下爬梯挂设安全网。

2）盖梁模板安装应单独设置支撑架，不得支撑在脚手架上。

第四节　满堂支架现浇梁

1.满堂支架结构及基础处理应进行方案设计，设计计算书和施工方案经监理工程师批准。

2.支架搭设、拆除人员应持有特种作业证书。

3.应组织施工人员进行安全教育和安全学习，对整个施工工序及操作要点进行全面的技术交底。

4.各种安全防护材料必须经过检验合格后方可使用。支架使用前应对立柱、各种杆件、桁架联结、接头连接、贝雷梁连接等支架各部件和安全装置进行全面检查。

5.支架使用前必须进行预压试验，加载的顺序和重量应符合施工方案要求，并检查加载量测数据、弹性变形量、非弹性变形量测量记录表。

6.支架顶部应设置平台、栏杆、梯子等防护设施；施工现场应设置安全警示标志。所有进入工地人员必须戴安全帽，高空作业人员必须系安全绳、穿防滑鞋。

7.附：

（1）现浇梁施工防护

1）脚手架搭设满足相关的安全技术规范。

2）现浇梁支架搭设时，两侧必须宽出梁边不小于1.0m，作业平台设置走道板、防护栏杆，并外挂安全网。

3）为防止高空坠落物体打击，在周围边沿10m范围内设置安全警戒线及警示标志。

（3）支架地基处理

1）必须对满堂支架搭设场地进行硬化处理，保证地基承载力满足要求。四周设置排水沟，以防雨季长期积水引起地基不均匀沉降。

2）一般情况地基处理要求：500px 厚 5% 灰土 +250px 厚 C20 混凝土；混凝土顶面设置方木或槽钢作为支架底脚支撑。

3）支架搭设完成必须进行预压试验，满足施工要求方可使用。

（4）中分带防护

1）施工上下爬梯、梁板间的连接通道采取钢管搭设，下铺钢板或硬质木板（参考脚手架爬梯）。

2）箱梁顶预留施工洞口必须加盖钢筋网盖或木板进行防护。

第五节　移动模架法施工

1. 模架拼装过程中设专人全过程监控，拼装完成后进行全面的安全性能检查和验收。首次拼装完毕应对移动模架应进行荷载试验，试验前设置专人对移动模架状态进行全面检查，试验时对各部位变形情况进行测量。

2. 安全防护装置应完整有效。液压系统运行情况应设专人看护，发现异常情况立即停机检查。

3. 在支架平台及行道上，应满铺脚手板，四周应安排高度不低于 1.0m 的永久性栏杆、安全网等防护设施杆，绑扎牢固。栏杆上设置各类警示标志。

4. 上下移动模架的爬梯应安装稳固，并根据计算在上方悬挂同时上下的人员数量和防坠落标志。

5. 移动模架跨越道路无法封道施工时，应在移动模架合适位置悬挂限高、限速标志，并安排专人进行道路口防护。

6. 张拉预应力时，预应力张拉区标志应明显，构件两端严禁站人。

7. 当风力达到 6 级时，应停止露天起吊、装卸高处作业、泵送混凝土等作业。夜间作业应设置充足的照明设施。

第六节　挂篮悬臂施工

1. 挂篮进场时应进行调试组拼，应设专人统一指挥，禁止无关人员进入吊装作业区范围内。调试组拼后必须做静载试验，检查部件连接、接头焊缝、杆件变形等情况。

2. 挂篮的悬挂系统吊杆要采用塑料套管等绝缘材料对吊杆进行包裹，防止施工中电弧损伤。

3. 零号块施工的工作平台边缘处应安装防护设施。墩身两侧与平台之间搭设的人行道板应连接牢固。

4. 挂篮的行走滑道，应平整顺直，限位器应设置牢固。挂篮行走前，挂篮内的人员必须撤离，禁止站、坐在行走的挂篮上。

5. 预应力张拉时，张拉区标志应明显，千斤顶后方严禁停留人员。

6. 挂篮临边防护应符合要求，无空洞，栏杆高度不低于1.2m，上下通道完整。施工现场应设置禁止、警告、指令标志。

7. 预应力张拉防护

（1）存梁区场地必须整平、夯实，干燥无积水，确保交通畅通；存梁承重枕梁必须有足够的强度和刚度。成品梁堆放不得超过三层，并经受力计算确保存放安全、稳定。

（2）模板分类堆放整齐牢固；大模板存放必须有防倾倒措施。

（3）预应力张拉区设置明显警示标志、张拉防护挡板，挡板由75px厚木板和不小于5mm厚薄钢板叠合制成，确保有效防护。

第七节　预制梁架设

1. 各种机械设备必须经过有关部门检查验收合格后方可使用，并且做好验收合格记录，以备检查。

2. 提、运、架梁应设专人统一指挥，现场设专职安全员对运架进行安全巡视，信号正确清楚，密切观察各部位的安全状况，发现异常及时停止作业。

3. 架梁机械使用中应定期进行检查确认，严禁超范围使用和带病作业。作业前应对机械设备及安全装置进行全面检查，确认无误后方可开工作业。

4. 提梁作业应设专人清理走道，场地平整；严格按照安全操作规程操作提梁机械，做到四点同步，行驶平稳。

5. 运梁应严格按照3~5km/h速度行驶，做好防碰撞措施。

6. 预制箱梁架设期间，运梁通道上应停止其他施工作业，禁止其他车辆上道；桥上进行铺架作业时，桥下严禁车辆、船及行人通过，应有相应的安全禁止标志，并派专人值班巡视。

7. 架梁吊机的上侧平面通道及墩台顶，应设置防护栏杆、上下踏梯、人行通道等安全设施。

8. 夜间、五级及以上大风（暴雨）禁止架梁作业。冬季架梁作业应做好防冻、防滑等安全防护，夜间作业照明应使用安全电压。

9. 预制梁安装

说明：

（1）施工场地整平、压实，现场应设置警戒线及明显警示标志，与该工作无关的人员严禁入内。

（2）架梁的全过程必须专人指挥，统一指挥口令和手势，确保所有人员协调一致。吊装期间，梁下严禁站人，夜间悬挂警示灯并保持足够强的照明。

10. 安全防护栏杆

（1）已安装的桥梁两侧，采用设 φ48 钢管置防护栏杆，立柱与梁板预留钢筋焊牢，护栏挂设安全网。

（2）施工现场设置安全警示标志。

第八节　跨线桥通道安全防护

1. 跨线桥梁施工须编制专项施工方案，报驻地办审核、总监办审批。

2. 桥梁跨越公路、国道、省道施工前，应与相关部门协商有关事宜，组织专项评审，并签订安全协议。

3. 桥梁跨越县道、乡道施工前，应与相关部门协商有关事宜，签订安全协议。

4. 对于跨国、省、县道桥梁施工时，应设置钢结构安全顶棚，顶棚净高满足要求，顶棚侧面挂安全网。

5. 跨国、省、县道桥梁施工时，在通道两端设置限速限高警示标志、减速带等，必要时设置岗哨监视管理。

6. 跨乡道、施工便道桥梁施工时，在通道两端设置限速限高警示标志。

7. 限高架

（1）跨国、省、县道桥梁施工时，在通道两端各100m处设置减速带、限速限高警示标志，规格依照国家相关规定。

（2）防护棚进出口两端至少宽出梁体边缘1.5m，防撞墩宽度0.5m、高度0.5m。

（3）必要时设置岗哨监视管理。

第九节　桥梁施工安全标准化建设的实施方法

一、构建安全标准化施工理念和氛围

安全标准化实施是一个新的安全管理课题，还处于摸索实践总结阶段，还需要及时地对安全标准化实施的意义和效果进行宣贯，营造安全标准化施工是一项必不可少的日常基础性工作。构建安全标准化氛围应从以下几个方面开展工作：

（一）健全安全标准化管理机构，促进安全生产持续改进

把安全标准化建设与企业文化建设结合起来，成立专职管理机构，明确专职的管理人员对安全标准化进行宣贯，维护日常的标准化工作的正常运转，同时，借助专职机构的力量定期针对标准化施工的情况进行评估、改进，促进标准化健康有序运行。专职管理人员懂标准，能够全面、全过程、全方位地掌握标准的执行情况，在标准化建设过程中可以起到精确监督和实时改进作用，确保标准化持续改进，实现施工安全生产零事故目标。

（二）打好安全标准化工作基础

常言道"习惯成自然"，要让员工改变自己的不安全行为，就得纠正员工的不良"习惯"，而"规章制度"就是规范员工工作行为的最好办法。把建章立制作为员工安全教育的重头戏，按照同岗同责、一岗双责的要求制定"学习培训教育制度""安全操作规章制度""安全法律法规学习规定""安全生产行为准则"等规章制度，从员工的日常工作抓起，从员工的一言一行抓起，倡导员工规范着装，指导员工安全生产，教导员工"标准"作业。还要从安全规范着手，明确规定"岗位安全工作要点""设备安全检查要求""隐患排查及整治程序"等工作准则，从行为上、从细节处、从点滴中对员工提出安全工作要求，促使员工养成学安全、讲安全、做安全的良好习惯。抓好规章制度基础工作，能为开展安全标准化工作做好铺垫，创造条件。

（三）宣贯标准规范，落实基层安全生产责任

没有规矩不成方圆，不讲"标准"奢谈安全。在推进安全标准化建设工作中，要始终围绕"标准"这一工作宗旨，对员工工作进行安全要求，可提出"讲安全标准，做安全员工""心中有'标准'，生产就安全""效率来自安全，质量离不开'标准'""隐患猛似虎，安全重于山"等警示语，强化责任意识，对员工自觉遵守、主动维护安全生产标准规范起到督导作用。利用板报、专栏、发放学习资料等形式将岗位安全标准进行讲解说明，及时解答员工提出的工作疑问和安全难题，提高员工学习"标准"、理解"标准"、贯彻"标准"、运用"标准"的自觉性和主动性，增强员工的自我学习意识和自我约束能力。

安全标准化建设主体是企业，是基层组织和员工。标准和制度再好，没有企业各级管理人员、基层组织和员工去实施也不能取得实效。因此，落实责任至关重要。规范操作者的作业行为，明确应该怎么做，怎么做会更好，克服人的习惯性违章，可以减少工伤事故的发生概率，实现人、机、环的和谐统一，保证桥梁施工安全标准化的有效实施。

二、注重过程预防控制

桥梁施工是由一个个工序组成，在进行工序施工策划时如果能够将安全标准化工作融入工序组织管理中，既可以确保安全标准化工作开展的实时性，又可以保障安全标准化实施的有效性。因此，在进行工序策划时，针对共性的安全问题，可借鉴企业安全标准化所确定的条款和措施，讨论其可操作性即可；对企业标准中没有涉及而现实情况必须面对的问题，应认真对照施工图纸，紧密结合施工现场实际；对需要设置安全保障措施的部位预先进行安全标准化设计，做到有的放矢。其次，对施工过程中人的安全标准化行为进行规范，通过技术规范和操作规程对人的安全行为进行正确引导和规定，通过安全技能比赛等活动对施工过程中安全标准化行为进行宣扬，通过过程中人的不安全行为进行公示和纠正，使每一位员工都成为"本质安全型"员工；对施工过程物的不安全状态也要同步进行规划和屏蔽，通过对施工场地的环境和场地进行合理性规划，通过对物的全过程跟踪和监控，充分借鉴"5S"环境管理经验，使物能够达到"安全本质化"状态。在施工过程控制中，对安全标准化工作实施首件制制度，重视每一项安全标准化首次落实的质量。因为每一项标准化工作的落实可能会与企业标准存在差别，因此，应对首次实施安全标准化进行检验校验，评估落实效果，认真总结经验，以达到批量实施。

在桥梁施工过程中，预先对安全标准化工作进行策划和设计，过程中对人的安全行为标准化规范和物的安全状态进行控制，在落实每一项安全标准化时，重视首件制实施质量，可确保安全标准化保质保量，达到安全施工的目标。

三、强化安全标准化班组建设，确保标准化落实质量

安全标准化工作从设计到实施最基础、最关键的工作是落实，落实质量的好坏取决于实施班组的素质，因此，建立一支技术过硬、人才齐备的专业化班组就显得尤为重要。首先，一支独立的专业化班组能够全程参与标准化的设计，落实标准化的措施，维护标准化的动态，不会因其他工作而分散精力，降低标准化质量；其次，一支独立的专业化班组可以充分理解安全标准化的工作意图和尺度，可以控制安全标准化工作的难点和精度，减少返工，提高工作效率，保障标准化工作质量；最后，独立的专业化班组有明确的目标、单一的工作任务，有专人进行管理，能够全面地应对新环境、新变化，可从实践中总结经验，以经验巩固标准化工作成果，以经验丰富标准化工作内容，同时，还能够确保标准化连续动态的实施。

在实施安全标准化的过程中，教育宣传、设计经费、材料采购、制作落实、维护养修、更新更换等均需资金，每一个环节均关系到标准化的建设的质量。充足的资金

可以坚定执行标准化的决心，可以保障标准化的贯彻落实，可以巩固标准化的落实成果，可以促进标准化建设平稳地向前发展。安全可以创造效益，标准化工作可以保障安全，从这个方面出发，加大标准化建设资金投入其实是一项节约成本的措施，是一个良性循环。

在标准化实施过程中，利用他人监督原则，及时开展监督与纠偏工作，监督过程从设计开始，监督其结构外形、所用材料、安装部位等是否具备可操作性；在制作阶段，监督其尺寸精度是否与设计图纸相符合；在安装实施阶段，监督其是否与现场环境相协调，真正能够起到安全舒适、标准美观的作用。在监督过程中发现违反标准的现象及时提出纠正意见及改正措施，不仅能够提高安全标准化的工作质量，还可以提高安全标准化的落实效率，确保安全标准化正常有序地开展。

四、严明奖罚制度：巩固安全标准化工作成果

安全标准化工作是一项新的安全管理内容，施工过程中难免会遇到违反规定、违反标准化的现象发生，如不及时进行有针对性的纠正，安全标准化工作将难有建树。故此，除制度保障外，还应制定刺激性的奖罚措施，充分调动参与标准化建设的热情和激情。同时，也要明确处罚的力度，约束破坏标准化建设的行为，通过安全标准化工作小组不定期的巡查，通过每月对标准化工作成效综合性的考核，遵循公开、公平、公正的原则，及时兑现奖罚措施，促进安全标准化工作的良性循环；此外，适时对考核结果进行公布，在精神上鼓励先进，带动落后者，达到安全标准化工作整体推进，巩固安全标准化工作成果。

桥梁施工过程中，因结构的不同，施工环境差别，安全标准化工作内容和方式也要随之进行变化，如果生搬硬套的话，不仅起不到预计的效果，还会浪费工时，引起操作班组的心理抵触，因此，在进行差别化的安全标准化工作实施时，应改变传统的观念，困境而议，在确保安全的前提下，适时改变标准化的结构、安装的方式，可重复利用的次数，尽量减少实施标准化人员处于危险环境的作业时间，降低实施标准化的工作量，提高标准化的可重复利用率。促进安全标准化向简易、轻便、规模化发展。

通过论述，桥梁施工过程安全标准化建设是一项涉及多层次，过程化、专业化的工作，在桥梁施工组织策划时各级管理人员、各层级专业人员要统筹考虑标准化工作的部署、实施工作。在施工过程中，过程控制是标准化实施质量的关键，关系到标准化建设的成败。在制作过程中，专业化班组的建设水平决定了标准化实施的精度，同时也关系到标准化能否可持续实施。桥梁施工过程中应正确认识到安全经费投入与安全效益的辩证关系，加大对安全标准化的投入不仅可以提高施工过程的安全性，有效提高施工企业的经济效益和企业形象，同时还可以提高企业的社会效益。安全标准化

建设还处于实施总结阶段，在建设实施过程中，注重经验积累，不断改进，创造一个全新的桥梁施工安全环境。

五、模块化管理分析

（一）桥梁工程施工安全模块化管理分析

1.安全模块化管理概念

安全模块化管理将安全管理看作一个系统或整体，在规划时按照一定规则进行模块化分解，分解成具有独立性的子系统（安全模块），再根据项目安全要求，选定所需子系统并将其按照一定联系规则进行模块化集成。同时，安全模块化管理是一个动态组合过程，可根据施工组织设计。通过不同安全模块的拼接、更新、增减等，便可完成整个工程项目的安全管理。

2.安全模块化管理设计规则

安全模块化管理设计规则是模块化分解和集成的基础，同时也是安全模块化管理能够有效实施的前提条件。安全模块化管理作为一种新型安全管理模式，需要遵循以下设计规则：

（1）组合性规则。需规定安全模块之间的相互联系方式，明确有哪些安全模块、安全模块之间的先后关系、信息交换模式，以及安全模块性能检验标准等。

（2）独立性规则。在满足组合性规则前提下，各安全模块的实施互不影响，彼此独立。

（3）预防性、系统性、过程性规则。安全模块化管理设计要做到关口前移，提前预防，对施工过程的各方面做到有效控制，解决施工安全过程中的问题，以降低施工安全风险。

3.安全模块化管理设计思路

安全模块化管理将职业健康安全管理体系和安全生产标准化的管理理念引入桥梁施工安全管理，融合安全培训、安全标准化、可视化管理、网络信息化等思想，吸收安全系统工程、风险管理原理，结合有关法律法规要求，使桥梁施工安全管理达到标准化、制度化、精细化，实施循环改进模式，实现桥梁施工安全预期型管理。

（二）桥梁工程施工安全模块化管理模式构建

为简化桥梁工程施工安全管理过程，建立通用标准型的安全模块化管理模式。

1.桥梁工程施工安全模块化管理框架

通过模块化分解，将桥梁工程施工安全管理的工作内容、人员构架和工作方式进行明确、简化。

（1）基于管理内容的横向模块化分解

按照人员、信息、工艺、环境、物料和设备、设施等安全管理对象，将桥梁工程施工安全管理内容划分成相对独立且相互联系的模块。

桥梁工程施工安全模块化管理过程中，施工人员及信息安全管理模块以文件化形式固定，具备独立操作的能力。施工环境及工艺安全管理和施工机具、设备设施及物料安全管理模块涉及多种专业施工队在复杂环境中的平行运作，需划分区域、工艺和人员等分别实施管理。

（2）基于管理构架的纵向模块化分解

将安全管理构架按金字塔式进行模块化分解，顶端是政府安全监管部门，第2层是项目部安全负责人和安全监理，第3层是施工方安全负责人，第4层是班组安全负责人，最后是岗位人员。通过模块划分，安监部门无须事无巨细亲自过问，而是将责任层层分解、分级管理，充分发挥其他层次的安全管理职能。

（3）基于管理区域的模块化分解

安全模块化管理区域包括施工项目办公区、生活区、施工作业区和辅助生产区等。通过区域模块化风险辨识和区域模块化风险管控以提高桥梁工程施工安全管理水平。区域模块化风险辨识强调风险辨识的区域化和针对性，要求各管理区域负责本区域风险辨识，确保本区域风险因素的可控、在控。区域模块化风险管控包括安全监督、安全检查、安全会议、安全培训、安全活动和安全防护等。

（4）基于施工作业管理的模块化分解

施工作业是桥梁施工项目的核心，决定着项目的成败。根据桥梁工程施工特点，确定桥梁工程项目的主要分项工程，并按照施工组织设计所确定的施工工法，对施工作业进行模块化分解，结合工序作业特点、环境条件、施工组织等致险因子，辨识施工作业活动中典型事故类型，从而建立风险源普查清单，并通过风险分析和估测确定施工作业风险源。

各模块并不是各自孤立、互不相干的，在安全模块化管理过程中，4条线相互交织、层层渗透、互相包含，可应对个性安全管理与规模安全管理的变换，形成柔性安全管理线。

2. 桥梁工程施工安全模块化管理流程及内容

各个模块通过信息交流网络平台进行集成。同时，安全模块化管理动态循环流程可分为决策—实施—检查—改进。

（1）安全模块化管理策划内容

策划是安全模块化管理的起点。根据"管理内容模块"制定各项施工安全管理制度和施工安全技术措施，再根据"管理构架模块"编制施工安全组织设计并明确人员岗位安全职责，从而明确安全管理核心，建立安全生产保障和监督体系。

（2）安全模块化管理实施内容

实施是安全模块化管理的关键。根据"管理区域模块"将现场划为办公区、生活区、施工作业区和辅助生产区，同时各区域按照功能特点可进一步划分为子区域。如在施工作业区，根据"施工作业管理模块"可划分为高处作业区、吊装作业区、运输作业区、混凝土泵送与浇筑作业区、模板与脚手架作业区、钢筋制作区、焊接作业区、临时用电区等。对各区域实行 5S 管理和可视化管理，对区域危险因素进行辨识，指定区域安全负责人，将项目安全目标进行分解分配，明确区域安全目标和实施计划。

（3）安全模块化管理检查内容

检查是安全模块化管理的重要环节。各区域中各层次人员的安全绩效检测的办法如下：区域安全管理人员随现场安全施工情况进行记录；班组安全负责人对岗位人员安全作业情况进行记录；安全监理工程师对区域安全文明施工及安全技术落实情况进行记录。形成安全绩效检测报告，上报项目安全主管人员，对各模块化管理区域进行绩效考核。

（4）安全模块化管理改进内容

改进是完善安全模块化管理的基础。通过区域风险辨识、评价和控制，进一步加强人员管理、机械设备管理、环境管理和物料管理，实现施工项目安全管理的持续改进。

3. 桥梁工程施工安全模块化管理优点

根据桥梁施工项目安全管理过程具有重复性特点，采用模块化管理可降低工作量，优化施工进度，最小化项目工期。与传统施工项目安全管理相比，安全模块化管理具有以下优点：

（1）简化管理。安全模块化管理充分考虑施工专业性、管理区域性和管理层次性，可降低管理幅度和难度，显著提高管理水平。

（2）优化进度。安全模块化管理模式中，模块之间可交叉并行工作，可通过网络优化进而优化进度。

（3）项目通用。安全模块化管理可通过模块的分离、替换、增减、延伸和重组，且各个模块具有独立性和完善性，使得施工项目中的安全管理具有通用性。

（4）实用易操作。安全模块化管理结合工程实践，能够直接应用到施工项目安全管理中，可使安全管理变得简明、有条理、易掌握，缩短工作过程，减少工作量，降低管理成本。

（三）桥梁工程施工安全模块化管理推行应用

1. 灌河大桥工程项目概况

灌河大桥工程建设条件复杂，工程技术难题多，钢混组合梁制作、运输、吊装难点多。同时，由于桥梁施工区水域复杂，通航条件差，通航和船舶安全管理难度大，施工专用船机多、大型设备多，水上和高空作业量大、周期长，施工安全管理难度大。

2.灌河大桥施工安全管理模块分解

根据灌河大桥施工特点，划分桥梁施工现场安全、管理模块：施工现场安全技术管理模块、施工现场人员安全管理模块、施工现场设备安全管理模块、施工现场物料安全管理模块、施工现场作业安全管理模块、施工现场环境 5S 管理模块、目标管理与绩效考核模块等。同时，各模块中包含数量不一的子模块，为施工现场作业安全管理模块。

3.安全模块化管理应用

施工现场的安全管理方式决定了整个施工行动的效率，通过施工安全模块管理的有效实施，对施工现场的所有安全管理工作实施统一指挥和分级管理，形成清晰的管理链（管理层级），以便及时获取安全信息、分析和评估，确定安全管理的优先目标、重点区域和核心内容，决定如何实施有效的安全措施。灌河大桥工程项目通过施工安全模块化管理，起到生产事故控制成果。

第十节　桥梁安全技术管理措施

一、一般安全规定

1.高桥、大跨、深水、结构复杂的大型桥梁施工，应对施工安全进行专项调查研究，并制定相应的安全技术措施。单项工程（包括辅助工程、临时工程）开工之前，应根据交通部《公路桥梁施工安全规程》制定安全操作细则，向施工人员进行安全技术交底。

2.施工人员应熟知并遵守本工种各项安全技术操作规程，进入施工现场必须使用劳动安全保护用品，严防高处坠落，异物打击、触电、淹溺或其他各类机械的、人为的伤害事故。

3.施工前应对施工现场、机具设备及安全防护设施等进行全面检查，确认符合安全要求后方可施工。

4.桥下通车、行人等立体施工区域，应布设安全网。

二、施工准备安全规定

1.施工现场选择要有利于生产、生活，符合防洪、防火、防爆、防灾的要求，具备文明生产、文明施工条件。

2.施工现场临时设施应选在水文、地质良好的地段，特种运输道路，生产、生活、房屋、易燃、易爆仓库，材料堆放及动力、通讯路线和其他临时工程，按照有关安全规定制定出合理的平面布置图。

3. 施工现场应设置安全标志牌，并不得擅自拆除，保证施工现场的安全。

4. 生产、生活房屋要按防火要求保持必需的安全净距，一般情况活动板房为 7m，铁皮房为 5m，临时炉房、发电房、变电室、铁工房、厨房等与其他房屋之间的净距不小于 15m。

5. 易燃易爆物品仓库、发电机房、变电所，应采取必要的安全防护措施，严禁用易燃材料修建。工地临时小型油库远离生活区 50m 以外，外设围栏，炸药库设置应符合国家有关规定，并经当地管理部门认可。

6. 在林区进行施工测量时，要遵守护林防火规定，严禁烟火。

7. 在高压线附近工作时，必须保持足够的安全距离。

8. 在陡坡及危险地段测量时应系好安全带，穿软底轻便鞋；在 2m 以上墩台上测量作业，应按高处作业要求，采取防范措施，防止人员坠落。

9. 清场、砍树要组织身体结实；有一定经验的人员承担。要明确分工，不准跨在树干上断树筒，高边坡清场作业应使用安全绳、安全带。

三、明挖基础施工安全规定

1. 坑壁四周应清除一定范围空地，并不得堆放材料机具等，应根据不同地质情况，确定坑壁坡度。

2. 在水中挖基，应备有便于出入基坑的爬梯等安全设施，基坑需机械抽排水时，须备足够的抽排水设备。

3. 坑深 2m 以上，坑内人员须戴好安全帽，经常检查坑壁有无异常情况。

4. 经常检查机具、索具、挂钩等是否完好牢固。

5. 人工运输脚手板应牢固，单人挑道板不少于 60cm，双人抬运过板不少于 1.2m。

四、钻孔灌注桩施工安全规定

1. 钻孔机械就位后，应对钻机及配套设备进行全面检查，钻机安置必须平稳、牢固，钻架应加设缆风绳。

2. 冲击钻孔，选用的钻锥、卷扬机和钢丝绳等，应配置适当，钢丝绳与钻锥用绳卡连接时，绳卡应与钢丝绳直径相匹配。

3. 冲击过程中，应在起重机钢绳上打一深度标记，以便把握钢丝绳松弛适度。

4. 使用钻架起吊时，应经常检查架子、天梁、滑车、钢丝绳情况是否良好，经常检查冲击器的磨损情况，锤脚已经磨损应及时焊补。

5. 检查机械时，应在孔口搭设临时脚手板，谨防坠落孔内。

6. 器械落入孔内时，应使用钩绳等工具打捞，在没有可靠的防坍塌和淹溺措施的情况下，严禁人员进入孔内作业。

五、高处作业安全规定

1. 从事高处作业的人员要定期或随时体检，发现不宜登高的病症，不应从事高处作业。严禁酒后登高作业。

2. 高处作业人员须穿软底轻质鞋，所需材料事先准备齐全，工具事先放在工具袋内，拴稳挂牢。

3. 高处作业所使用的梯子不得缺档和垫高，同一梯子不得两人同时上下，在通道处（或平交口）使用梯子应设置围栏。

4. 运送人员和物件的升降电梯、吊笼，应设置可靠的安全卡、限位开关等安全装置，严禁乘坐运送物资材料的吊篮。

5. 高处作业人员与地面联系，应配有通信设备或有专人负责。

6. 高处作业人员必须严格按规定拴好安全带，戴好安全帽。

7. 人工倒运钢丝绳上高空，中间休息时要用卡子卡死下滑部位，防止钢绳受力滑动伤人。

8. 搭设脚手架，铺设走道板，禁止搭空头板，走道板要满铺，随铺随订。

9. 禁止上下交叉作业，若无法错开，应先采取安全防护措施。

10. 架空钢丝绳上有节头、卡子、滑车等障碍时，禁止在没有安全防护措施的情况下翻越。

11. 高处作业工作平台外侧应设置防护栏；高度超过 10m，应设置安全网。

12. 在大风大雾等不良天气或视线不清时应停止高空作业。

六、缆索吊装施工安全规定

1. 吊装前应做严密的准备工作，对地垄、索塔、缆车、滑车、动力、机具等设施进行全面验收检查，是否符合高处作业等要求。

2. 设立统一指挥系统，并组织参加吊装人员进行安全教育，对施工难度、危险性较大的作业项目要组织专门培训。

3. 准备工作就绪之后，要组织吊装人员技术交底，并进行试运转和超载荷试吊。

4. 牵引卷扬机启动要缓慢，进行速度要平稳；构件在吊运时，起重卷扬机要协调配合，控制好构件在空中的位置，起重卷扬机不得突然提升或下降构件，避免产生过大弹跳。构件就位时，作业人员要等构件稳定后再进行操作。

5. 构件不能垂直就位，需旁侧主索吊具协助斜拉时，指挥信号要明确，各组卷扬机要协调运行。

6. 起重和牵引卷扬机不得同时开动；双筒卷扬机除冲孔之外，禁止放空档；牵引上禁止悬挂重物。

7. 重物起吊之后，吊点下方及运行线路下方禁止人员站立或通行。

8. 在受力钢丝绳三角区内禁止人员站立或通行。

9. 用于吊运材料、工具及构件的缆绳跑车，不得运送人员。

10. 登高操作人员应携带工具袋，不得将安全带挂在主索、扣索、缆风绳等上面。

七、导梁（桥梁）安装安全规定

1. 构件安装之前，应制定安装方案，建立统一指挥系统。对施工难度、危险性较大的作业项目要组织培训。

2. 导梁组装时，各节点应联结牢固，导梁受力部位的钢桥架须经过质量检验，不得使用受损件。

3. 导梁通过的导轮支座必须牢固可靠，导梁接近导轮时，应采取渐进的方法进入导轮，导梁推进到位后，用千斤顶顶升，将导梁置于稳定的木垛上。

4. 导梁上的轨道应平行等距铺设，使用不同规格的钢轨时，其接头处应妥善处理，不得错台。

5. 导梁横向联结须稳固牢靠，导梁就位后要进行校直校正。

6. 构件在预制场地起重装车后，牵引至导梁时进行速度不得大于 5 米 / 分钟，到达安装位置后，平车行走轮应用木楔楔紧。

7. 构件就位起吊后，应加设支撑、垫木，以保持构件平衡稳定，各岗位作业人员要集中精力，听从指挥，发现问题及时处理。

八、架桥机安装构件安全规定

1. 架桥机组拼（或定型产品）悬臂牵引冲的平衡稳定及机具配备等，均应按设计要求进行。

2. 架桥机就位后，为保持前后支点的稳定，应用方木支垫。前后两支点处，还应用缆风绳封固于墩顶两侧。

3. 构件在架桥机上纵、横向移动时，应平缓进行，卷扬机操作人员应按指挥信号协调操作。

4. 全幅宽架桥机吊装边梁就位前，墩顶作业人员应暂避开。

5. 横移不能一次就位的构件，操作人员应将滑道板、落梁架等准备好，等构件落入后，再进入作业点进行构件牵引（或顶推）横移等项工作。

九、门架超重运输安全规定

1. 门架安装完成后，应按设计要求组织检查验收，移动式门架除进行静载试验外，还应加载在轨道上往返运行一次，检查龙门架在移动中的变形，以及轨距、轨道平整度等情况。

2. 门架顶横移轨道两端，应设置制动枕木。

3. 门架中心距离与重物两吊点应相互一致，以免门架偏心受力造成事故。

4. 门架就位后应放其前后牵引索，用木楔楔紧平车轮子，以免门架受力滑动；门架顶平车就位按规定捆好构件，重物高度应起到可能遇到障碍的 0.5m 以上。

5. 取掉平车掩木开始牵引，操作中应注意平缓稳定，被吊重物不得左右摇摆，行进速度控制在 5 米 / 分钟以内，防止重物惯性摆动。

6. 开动和停止电动机，应缓慢平衡地操作控制器，需做向后移动时，必须等机、物完全停稳后方可操作。

7. 门架拆除时，应制定安全技术措施。

十、预制件运输安全规定

1. 轨道平车运输，轨道路基要有足够的宽度、强度、平整度。轨道铺设应平直、圆顺，轨距应在允许误差值内：轨道半径不得小于 25m，纵坡不宜大于 2%，轨道与其他道路交叉，须按规定设交叉道口。

2. 轨道平车运输大型构件时，平车的转向、托盘（或转盘）、支撑制动器等应进行检查。

3. 大型预制件运输应设专人指挥，并经常检查构件在平车上的稳定状况及轨道平车有无变形。

4. 构件运输时速度要缓慢，下坡时必须以溜绳控制速度，并用人拖拉止轮木跟随前进。当纵坡较大时，必须有相应的安全措施，方可运输。

5. 大型预制件平板拖车运输，时速宜控制在 5 公里 / 小时内。简支梁运输除在横向加斜撑防倾覆外，平板上的搁置点必须设有转盘。

6. 拖车运输购件时，除驾驶员外，还应派人监视安全情况，平板拖车上禁止乘人，运行中宜缓行，避免急刹车。

7. 装卸车地点路面要平坦坚实，装卸时机车均应刹车。

十一、混凝土浇筑安全规定

1. 人工推车上料时，手推车不得撒把，运输料道上应有防滑设备。

2.机械上料时，在铲斗移动范围内不得站人，铲斗下方严禁人员停留或通过。

3.作业结束后，应将料斗放下，落入斗坑或平台上。

4.浇筑预制混凝土时，应搭设作业平台和斜道，不得站在模板上作业。

5.电动振捣器应使用电缆线、电源开关置于干燥处，多台振捣器同时作业应设置集中开关箱，由专人看管，操作人员要佩戴安全防护用品。

6.搅拌机清洗应停机，料斗起落在45°至90°时，人员不得站在斗鼓中间清洗。以防身体碰到操纵杆造成事故，搅拌机启动前必须确定无人在斗鼓内。

7.运输混凝土的四轮翻斗车宜缓速行驶，防止发生倾覆事故。

8.悬空索道，输送混凝土应接起重运输安全操作进行。

十二、泵送混凝土安全规定

1.混凝土泵应设置在作业棚内，安装平衡牢固，泵车安设未稳之前，不得移动布料杆。作业前检查输送泵电气设备是否正常、灵敏、可靠。

2.泵送前应检查管路、管节、管卡及密封圈的完好程度，不得使用有破损、裂缝、变形和密封不严的管件。

3.管路布设要平顺，高处、转角处应架设牢固，防止串动、移位。

4.泵送中要设专人经常检查管路，遇有变形、破裂时，应及时更换，防止崩裂。

5.混凝土泵在运转中发现故障，应立即停机检查，不得带病作业。

6.操作人员须熟悉并遵守泵车的操作规程和安全规定。

7.拆卸管路接头前，应把管内剩余压力排净，防止管内存有压力而引起事故。

8.作业结束，采用空气清洗管道时，操作人员不得靠近管道端部。

十三、模板安装及拆除安全规定

1.在基坑或围堰内支模板时，应先检查基坑有无坍方迹象，围堰是否坚固，确认无误后方可操作。

2.向基坑内吊运材料和工具时，应设溜槽或绳索系放，不得抛掷。机械吊送应设专人指挥，模板要捆绑牢靠，基坑内操作人员要避开吊运材料。

3.人工搬运支立较大模板时，应设专人指挥，使用的绳索要有足够强度，绑扎牢固。支立模板时，应先固定底部再进行支立，防止滑动或倾覆。

4.用机械吊运模板时，吊点下方不得站人或通行。模板下放距地面1m时，作业人员方可靠近操作。

5.支立模板要按工序操作，当一块或几块模板单独竖立较大模板时，应设临时支撑，上下必须顶牢。整体模板合拢后，应及时用拉杆斜撑固定牢靠，模板支撑不得接触脚手架。

6. 高处作业时应将工具装在工具袋内，传递工具不得抛掷，不得将工具放在平台和木料上，更不得插在腰带上。

7. 作用斧锤须顾及四周上下安全，防止伤及他人。斧头刃口处应配刃口皮套。

8. 拆除模板时应制定安全措施，按顺序分段拆除，不得留有松动或悬挂的模板，严禁硬砸或用机械大面积拉倒。

9. 拆除模板禁止双层作业。3m以上模板在拆除时，应用绳索拉住或用起吊设备缓慢送下。

十四、预应力张拉安全规定

1. 预应力钢丝束张拉施工前，检查张拉设备，工具是否符合施工及安全要求。压力表应按规定周期进行检定。

2. 锚环及锚塞使用前应经检验，合格方可使用。

3. 高压油泵与千斤顶之间的连接点，各接口必须完好无损。油泵操作人员应戴护目镜。

4. 油泵开动时，进、回油速度与压力表指针升降，应平稳、均匀一致。安全阀要保持灵敏可靠。

5. 张拉前操作人员确定联络信号，张拉两端相距较远时，宜使用对讲机。

6. 无关人员不得进入张拉作业区。

7. 在已经拼装或现浇的箱梁上进行张拉作业，其张拉作业平台，拉伸机支架要搭设牢固，平台四周加设护栏。

8. 张拉千斤顶的对面及后面严禁站人，作业人员应站在千斤顶两侧。

9. 张拉操作中若出现油表震动剧烈、漏油、电机声异常，断丝、滑丝异常现象，应立即停机检查。

10. 张拉钢丝束完毕退销时应采取安全防护措施，人工拆卸销子时，不得强击。

11. 张拉完毕后，对张拉施锚两端应妥善保护，不得压重物，管道灌浆前，梁端应设围护和挡板，严禁撞击锚具、钢丝束及钢筋。

12. 先张法张拉前应对台座、横梁进行检查；张拉中及未浇混凝土之前，周围不得站人或进行其他作业；浇筑混凝土时，振捣器不得撞击钢丝束。

十五、脚手架安全规定

1. 钢管脚手架连接材料应使用扣件，接头应错开，螺栓要坚固。立杆底必须使用立杆底座。不得使用铅丝和麻绳连接钢脚手架。

2. 门式简易脚手架应按产品设计拼装连接牢靠，并使用钢管加强横向联系和剪刀支撑。

3.脚手板要铺满、绑牢、无探头板，并牢固地固定在脚手架支撑上。脚手架的任何部分均不得与模板相连。

4.脚手架要设置栏杆，敷设安全设施并应经常检查，确保操作人员和小型机械安全通行。

5.脚手架上的材料和工具要安放稳安整齐，有坡度的脚手板，要加设防滑条。

6.悬空脚手架应用栏杆和撑术固定稳妥、牢固、牢靠，防止摆动摇晃。

7.搭设在水中的脚手架，要经常检查受水冲刷情况，发现松动、变形或沉陷应及时加固。脚手架上作业的人员应佩戴救生设备。

8.脚手架高度在10~15m时，应设置一组缆风绳与地面夹角为45°至60°，缆风绳的地锚应注意保护。

9.拆除脚手架时，周围应设置警戒标志或护栏，应按从上到下顺序拆除，不得上下双层作业，拆除的脚手架板应用人工传递或吊机吊送，严禁随意抛掷。

十六、支架施工安全规定

1.支架所用的桩木、万能杆件等应详细检查，不得使用腐朽、劈裂、大节疤的圆木及锈蚀、扭曲严重的杆件和钢管等。

2.地基承载能力必须符合设计标准，否则应采取加固措施，使其达到设计要求。土质地基雨季须有防水措施。

3.支立排架要按设计要求施工，应有足够的承载能力和稳定性，并要与垫木联结牢固，防止不均匀沉落、失稳和变形。

4.支立排架时应专人指挥，支立排架以竖立为宜，排架竖立后用临时支撑撑牢，再竖立第二排。两排架间的水平和剪刀撑用螺栓拧紧，形成整体。

5.用吊机竖立排架时，应用溜绳控制排架起吊时的摆动。

6.支立排架时，不得与便桥或脚手架相连，防止支架失稳。

7.立柱排架大面积拆卸时应边拆边撑木，保持平衡稳定。严禁将全部水平和斜撑拆除，再放立柱。

十七、钢筋制作安全规定

1.钢筋施工场地应满足作业需要，机械设备的安装要牢固、稳定，作业前应对机械设备进行检查。

2.钢筋调直及冷拉场地应设置防护挡板，作业时非作业人员不得进入现场。

3.钢筋施工切断机作业前，应先进行试运转，运转正常后，方能进行切断作业。

切长料时由专人把扶，切短料时要用钳子或套管夹牢。不得因钢筋直径小而集束切割。

4. 人工锤击切断钢筋时，钢筋直径不宜超过 20mm，使锤人员和把扶钢筋、剪切工具人员身位要错开，并防止断下的短头钢筋弹出伤人。

5. 绑扎钢筋高过 1.5m，应有固定临时支架进行稳定，并设绑脚手架，不得攀登和站在钢筋骨架上。

6. 场地绑扎 T 梁钢筋，应先设置稳妥分层支架，两面同时进行绑扎，防止受力不均造成事故。

十八、焊接作业安全规定

1. 电焊

（1）电焊机应安放在干燥、通风良好的地点，周围严禁存放易燃、易爆物品。

（2）电焊机应设置单独的开关箱，作业时应穿戴防护用品，施焊完毕，拉闸上锁。遇雷雨天气，应停止露天作业。

（3）在潮湿地点工作，电焊机应放在木板上，操作人员应站在绝缘胶板或木板上操作。

（4）严禁在带压力的容器和管道上施焊。焊接带电设备时，必须先切断电源。

（5）储存过易燃、易爆、有毒物品的容器或管道，焊接前必须清洗干净，打开所有孔口，保持空气流通。

（6）在密闭的金属容器内施焊时，必须开设进、出口。容器内照明电压不得超过 36V。焊工身体应用绝缘材料与容器壳体隔离开。施焊过程中每隔半小时至一小时外出休息 10~15 分钟。

（7）接线、地线不得与钢丝绳，各种金属管道、金属构件等接触，不得用这些物体代替地线。

（8）更换场地移动电焊机时，必须切断电源，检查现场，清除焊渣。

（9）在高空焊接时，必须系好安全带，焊接周围应备消防设备。

（10）焊接模板中的钢筋、钢板时，施焊部位下面应垫石棉板或铁板。

2. 气焊

（1）乙炔发生器应采用定型产品，必须备有灵敏可靠的防火安全装置。

（2）乙炔发生器应置于干燥、通风处。乙炔发生器与氧气瓶不得同放一处，周围严禁存放易燃易爆物品，严禁用明火检查是否漏气，氧气、电石应随用随领，下班后送回专用库房。

（3）氧气瓶、乙炔发生器受热不得高于 35℃，防止火花和锋利物件接触胶管，气焊枪点火时应按"先开乙炔，先关乙炔"的顺序作业，点火的焊枪不得对人，正在燃烧的焊枪不得随意乱放。

（4）氧气瓶、氧气表及焊割工具表面，严禁沾污油脂。氧气瓶应设有防震胶圈，并旋紧安全帽，避免碰撞、剧烈震动和烈日曝晒。

（5）乙炔发生器应每天换水。严禁在浮筒上放置物体，不得用手在浮筒上加压和摇动，添加电石时，严禁明火照明。

（6）乙炔发生器不得放在电线下方，焊接场地距离明火不得少于10m。

（7）乙炔气管用后需清除管内积水。胶管回火装置结冻时，应用热水溶化，不得用明火烘烤。

（8）电石应在干燥的地方，移动或搬运应打开桶盖，轻移、轻放。开桶时头部要避开，不得用金属工具敲击桶盖。

（9）施焊时，场地应通风良好，施焊完毕将氧气阀门关好，拧紧安全罩。乙炔筒提出头，头部应避开浮筒上升方向，提出后应挂放，不得扣放在地上。

结 论

道路桥梁养护施工安全管理工作中会涉及诸多影响因素，以及安全管理也会存在各类问题，具体安全管理中要能针对性应对，养护施工安全管理工作按照既定的要求落实，保障管理的质量。道路桥梁在城市发展中起到积极作用，在城市经济发展、居民出行中起到关键作用。做好道路桥梁的施工和养护管理，保证每个环节的工作开展到位，提升道路桥梁的总体质量，延长道路桥梁寿命，对于城市而言具有重要意义。

在我国现代社会不断发展的情形下，为满足道路桥梁工程施工建设发展需要，注重并积极进行道路桥梁工程项目施工及安全管理活动，具有极其重要的现实性价值，其不仅有助于道路桥梁工程施工作业活动的正常有效开展，还能保障提升道路桥梁施工作业质量、安全及经济效益，对整个道路桥梁工程项目施工建设任务的实现，乃至整个行业的发展也有极其重要的促进作用。

桥梁道路施工安全管理是桥梁道路施工质量的重要保障，是满足我国居民交通需求的必然需要，同时也是推进我国国民经济健康发展的必然需要。基于此，本书对桥梁道路施工过程中存在的诸多安全问题加以分析，并提出具体的改革措施，围绕本文提出的策略开展一系列管理改革，可以有效提升桥梁道路安全管理成效，进而优化工程建设质量，为我国居民提供更优质的交通服务。

道路桥梁工程顺利开展的前提在于创建安全的施工环境，因此安全管理工作必不可少。从施工单位的角度来看，需具备全面的安全管理制度和坚定的决心，全面确保施工安全性，推动道路桥梁工程施工的顺利进行。

公路和桥梁是国民经济建设的基础设施，对促进区域经济发展，保障人民群众的人身、财产安全具有重要意义。科学、有序、合理的管理是提高路桥施工管理水平的手段，不仅能提高路桥施工质量，而且能保证路桥的使用质量和使用寿命，促进地方经济的发展。

参考文献

[1] 李远富主编；王恩茂主审.道路桥梁工程概预算 [M].武汉：武汉大学出版社，2015.

[2] 严战友，崔冬艳，夏勇编.山区高速公路施工安全与管理 [M].成都：西南交通大学出版社，2018.

[3] 马世雄.道路交通与路基路面工程 [M].重庆：重庆大学出版社，2020（06）：166.

[4] 湖南省土木建筑学会，杨承恕，陈浩主编.绿色建筑施工与管理 2018 版 [M].北京：中国建材工业出版社，2018.

[5] 郭忠印编著.道路交通安全设计原理与应用 [M].上海：同济大学出版社，2016.

[6] 魏国宏主编.水利灌区施工与安全监测 [M].郑州：黄河水利出版社，2016.

[7] 张志国，刘亚飞主编.土木工程施工组织 [M].武汉：武汉大学出版社，2018.

[8] 王琨，赵之仲主编；董丽娜，崔锋，周博，赵宏魁副主编.公路工程建设安全保障技术 [M].徐州：中国矿业大学出版社，2017.

[9] 二级建造师执业资格考试命题研究组编.市政公用工程管理与实务 [M].成都：电子科技大学出版社，2017.

[10] 张永，刘来君，贺炳彦主编.长安大学研究生学术论文集 2016 年卷 [M].西安：陕西科学技术出版社，2017.

[11] 龚剑主编.工程建设企业 BIM 应用指南 [M].上海：同济大学出版社，2018.

[12] 黄丽主编.四川交通年鉴 [M].成都：四川科学技术出版社，2018.

[12] 宋磊历.市政工程道路桥梁施工监理中的安全管理要点 [J].价值工程,2020,39(4):30-31.DOI:10.14018/j.cnki.cn13-1085/n.2020.04.013.

[13] 简剑光.市政工程道路桥梁施工监理中的安全管理要点探讨 [J].工程建设与设计,2019(6):223-225.DOI:10.13616/j.cnki.gcjsysj.2019.03.303.

[14] 胡滨，袁和勇.浅谈道路桥梁施工安全管理技术 [J].建材与装饰,2019(9):257-258.

[15] 杨开荣，苏珣.高速公路桥梁施工安全模块化管理研究及应用 [J].交通世

界 ,2019(8):151-152.DOI:10.16248/j.cnki.11-3723/u.2019.08.067.

[16] 陈俐彤 , 郝占会 , 王清超 . 城市道路桥梁施工及安全管理 [J]. 城市建设理论研究 (电子版),2019(3):113.DOI:10.19569/j.cnki.cn119313/tu.201903096.

[17] 赵艳秋 , 李雪勇 . 城市化进程中的道路桥梁施工安全问题与安全管理对策解读 [J]. 消防界 (电子版),2018,4(22):44.DOI:10.16859/j.cnki.cn12-9204/tu.2018.22.018.

[18] 潘保宏 . 探析道路桥梁施工安全管理 [J]. 四川水泥， 2018(10):25.

[19] 张余山 . 市政工程道路桥梁施工分析与安全管理 [J]. 居舍， 2018(12):120.

[20] 赵敏 , 李飞 . 桥梁工程施工安全模块化管理研究及应用分析 [J]. 四川水泥，2018(3)：13.

[21] 李杰 . 如何加强道路与桥梁施工的安全管理 [J]. 智能城市 ,2017,3(11):114.DOI:10.19301/j.cnki.zncs.2017.11.063.

[22] 朱建浩 . 浅析道路桥梁施工安全管理的重要性 [J]. 城市建设理论研究 (电子版),2017(24):67.DOI:10.19569/j.cnki.cn119313/tu.201724064.

[23] 贺军 . 市政工程道路桥梁施工监理中的安全管理要点 [J]. 科技资讯 ,2017,15(22):84+86.DOI:10.16661/j.cnki.1672-3791.2017.22.084.

[24] 董晓衡 . 道路桥梁施工中存在的问题及对策 [J]. 交通世界 ,2017(Z2)：202-203.DOI:10.16248/j.cnki.11-3723/u.2017.z2.208.

[25] 林金勇 , 傅安杰 , 彭宏广 . 论如何加强道路与桥梁施工的安全管理 [J]. 城市建设理论研究 (电子版),2016(20)：76-78.DOI:10.19569/j.cnki.cn119313/tu.2016.20.049.

[26] 肖志航 . 道路桥梁施工安全控制技术与安全管理的思考 [J]. 建材与装饰 ,2016(11)：269-270.

[27] 苏文建 , 李林 . 城市化进程中的道路桥梁施工安全问题与安全管理对策解读 [J]. 江西建材 ,2016(2)：143-144.

[28] 韩辉 , 王祥 , 张二强 , 夏晨曦 . 桥梁工程施工安全模块化管理研究及应用 [J]. 施工技术 ,2015,44(S2)：163-166.

[29] 吉子德 . 道路桥梁施工管理工作要点分析 [J]. 黑龙江交通科技 ,2015,38(11):177.DOI:10.16402/j.cnki.issn1008-3383.2015.11.137.

[30] 孔繁州 . 道路桥梁施工管理工作优化研究 [J]. 居业 ,2015(20):115+117.